화천수・42수주와 함께 보는

우리말
천수경

唐 西天竺 沙門 伽梵達磨 漢譯
正覺 譯註

운주사

천수천안 관세음보살 광대원만 무애대비심 다라니경[1]

唐 西天竺 沙門 伽梵達磨 漢譯
正覺 譯註

이와 같이 나(아난)는 들었습니다.

언젠가 석가모니부처님께서 보배로 꾸며진, 보타락가산(補陀落迦山: 남인도 Madura 지방 카르다몬 산맥, 말라야산 동쪽의 파파나삼산으로 추정)에 있는 관세음궁전의 보배로운 사자좌에 앉아계셨을 때의 일이었습니다. 그때 그 사자좌는 순(純: 약 4.5미터. 純은 15尺에 해당하는 길이의 단위)의 높이로서 수없이 많은 마니(摩尼) 보석으로 꾸며져 있었으며, 주위에는 보배로운 깃발 100여 개가 걸려 있었습니다.

그때 여래(如來)께서는 그 사자좌 위에 올라 앉아계셨는 바, 총지(總持)인 다라니(陀羅尼)[2]를 말씀하고자 하신 까닭이었습니다.

그때 그곳에는 수없이 많은 보살마하살(菩薩摩訶薩)들이 함께 계셨으니, 그들은 총지왕보살・보왕보살・약왕보살・약상보살・관세음보살・대세지보살・화엄보살・대장엄보살・보장보살・덕장보살・금강장보살・허공장보살・미륵보살・보현보살・문수사리보살로서 모두가 정수리에 기름 부음을 받은 위대한 법왕자(法王子)들이었습니다.

또한 수없이 많은 위대한 성문승(聲聞僧: 높은 깨달음을 얻은 스님)들이 함께 계셨으니, 그들은 모두 아라한(阿羅漢)으로서 10지(十地)의 지위에 오른 마하가섭이 그들을 대표하고 있었습니다. 그리고 선타범마를 대표로 한 범마라천과 구파가 천자를 대표로 한 욕계의 수많은 천신들 및 제두뢰타 천왕을 대표로 한 세상을 보호하는 사천왕들, 천덕 대용왕을 대표로 한 많은 천・룡・야차・건달바・아수라・가루라・긴나라・마후라가・인비인(人非人) 등이 모여 있었습니다.

한편 동목천녀를 대표로 한 욕계 하늘의 모든 천녀들과 함께 많은 허공신・강신・바다신・천원(泉源)신・하소(河沼)신・약초신・수림(樹林)신・사택(舍宅)신・수신・화신・지신・풍신・토신・산신・석(石)신・궁전(宮殿)신 등이 모두 그 자리에 참석해 있었습니다.

그때 문득 관세음보살께서 모임 가운데 은밀히 신통을 보이시자 빛의 광명은 시방의 국토 및 삼천대천세계[3]를 비추었고 모두를 금색으로 물들였으며, 천궁·용궁 및 모든 신들의 궁전이 진동하였고 강과 하천 및 큰 바다와 철위산·수미산·토산·흑산 등이 크게 흔들렸고, 해와 달의 비추임과 별의 반짝임 모두가 그로 인해 빛을 발하지 못하였습니다.

  그러자 총지왕보살이 일찍이 없었던 그 희유하고 기이한 현상을 보고 자리에서 일어나 손을 모아 합장하고, '누가 이와 같은 신통의 빛을 나타냈는지'를 부처님께 다음과 같은 게송으로 여쭈었습니다.

  "누가 지금 바른 깨달음 이루어
  널리 이와 같은 대광명을 놓음이니까?

  시방 국토 다 금색으로 변하였고
  삼천세계 또한 그러하오니
  누가 이제 자재함을 얻어
  희유한 대신통의 힘을 펼쳐 드러내나이까?

  가없는 부처님 나라 모두 흔들리고

용궁과 신들의 궁전 모두가 편치 못하오니
이 자리의 대중들은 의심이 일고
이 까닭과, 이 누구의 힘인 줄 측량치 못하옵니다.

부처님께서는 보살과 대 성문승들을 위해
범마천과 모든 불자들을 위하여,
오직 원컨대 세존이시여
크나큰 자비로서 이 신통의 까닭과 유래를 말해 주소서."

이에 부처님께서 총지왕보살에게 이르시기를,

"선남자여, 너희는 마땅히 알지니라. 지금 이 모임 가운데 한 보살마하살이 있으니, 그의 이름은 관세음자재(觀世音自在)이니라. 그는 수없는 세월을 지내오면서 대자대비를 성취하였고 능히 무량한 다라니문(陀羅尼門)을 잘 닦았으니, 이제 모든 중생들을 안락케 하고자 은밀히 이와 같은 큰 신통의 힘을 드러낸 것이다."

부처님께서 이 말을 마치시자 관세음보살이 자리에서 일어나 옷을 단정히 하고 부처님께 합장하여 말하였습니다.

"세존이시여, 저에게 '대비심 다라니주(大悲心陀羅尼呪)'가 있사온즉 이제 마땅히 그것을 이야기하고자 합니다. 그것은 모든 중생의 안락을 위한 까닭이며, 일체의 병을 없애고자 하는 까닭이며, 그들의 수명 장수를 위하여, 부귀함을 얻게끔, 일체 악업과 중죄를 멸하기 위하여, 모든 어려움의 장애되는 바를 벗어나게 하기 위하여, 또한 모든 청정한 법과 공덕을 증장케 하기 위하여, 선근(善根)을 성취시키기 위해, 그리고 모든 두려움을 멀리 여의고 구하고 원하는 바를 만족케 하기 위한 까닭이니, 원컨대 세존이시여, '대비심 다라니주' 설(說)함을 자비로이 허락해 주소서."

그러자 부처님께서 말씀하시기를,

"선남자여, 네가 크나큰 자비의 마음으로 중생들을 안락케 하기 위해 '신주(神呪)'를 설하고자 하니, 지금이 바로 좋은 때이니라. 어서 마땅히 펼쳐 이야기하도록 하라. 여래(如來)도 또한 기뻐할 것이며 모든 부처님들 역시 그러하리라."

이에 관세음보살께서 거듭 부처님께 말씀하시기를,

"세존이시여, 기억컨대 과거 무량 억 겁(劫) 전에 한 부처님께서 세상에 출현하셨으니 그 부처님 이름은 천광왕정주여래(千光王靜住如來)셨습니다. 그 부처님 세존께서는 저를 가련히 여기시고 또한 일체 중생을 위해 이 '광대원만 무애대비심 다라니(廣大圓滿無礙大悲心陀羅尼)'를 말씀하셨는 바, 또한 금색 손으로 제 정수리를 쓰다듬으며 이렇게 말씀하셨습니다.

'선남자여, 네 마땅히 이 심주(心呪)를 가지고 말세(末世)[4]의 악한 세상 일체 중생들을 위해 널리 큰 이익을 짓도록 하라.'

저는 그때 다만 초지(初地)의 수행 단계에 머물고 있었는데, 이 주문을 한번 들었던 까닭에 8지(八地)의 수행 지위에까지 오르게 되었습니다. 그래서 크나큰 환희 속에 서원을 발하기를, '만약 제가 오는 세상에 일체 중생을 안락하게 하고 저들의 이익을 능히 감당할 수 있겠거든 제 몸에 천수천안(千手千眼)이 갖추어지이다' 하였는 바, 이러한 발원을 마치자 즉시 제 몸에 천 개의 손과 천 개의 눈이 모두 갖추어지게 되었습니다.

그러자 시방의 대지가 여섯 가지로 진동하였고, 시방에 계신 1,000분의 부처님들께서 모두가 빛을 놓아 제 몸을 밝게 비추셨으니, 또한 시방의 가없는 세계를 비추어 주시기도 하셨습니다. 그러한 일이 있은 후 수없이 많은 부처님 처소의 모임 가운데 저는 거듭 다라니를 듣고 받아 지니게 되었으며, 크나큰 기쁨 속에 거듭 수많은 생(生)을 거듭하였으니, 무수 억 겁의 미세한 생사(生死)를 초월할 수도 있었습니다.

또한 그 일이 있은 후 저는 항상 다라니를 지송(持誦)하여 한번도 그것을 잊거나 행하지 않은 바 없었습니다. 그리고 이 주문을 지녔던 까닭에 태어날 때마다 부처님 앞 연꽃 위에 화생(化生)하였고 태(胎)의 몸을 받지 않았습니다.

이제 만약 비구·비구니·우바새·우바이·동남·동녀가 있어 이 다라니를 지녀 독송코자 하거든, 모든 중생들을 위해 자비심을 일으키고 저를 좇아 먼저 이와 같은 원(願)을 발하여야 합니다.”[5)]

나무대비관세음 원아속지일체법(南無大悲觀世音 願我速知一切法)
나무대비관세음 원아조득지혜안(南無大悲觀世音 願我早得智慧眼)
나무대비관세음 원아속도일체중(南無大悲觀世音 願我速度一切衆)
나무대비관세음 원아조득선방편(南無大悲觀世音 願我早得善方便)
나무대비관세음 원아속승반야선(南無大悲觀世音 願我速乘般若船)
나무대비관세음 원아조득월고해(南無大悲觀世音 願我早得越苦海)

나무대비관세음 원아속득계정도(南無大悲觀世音 願我速得戒定道)
나무대비관세음 원아조등열반산(南無大悲觀世音 願我早登涅槃山)
나무대비관세음 원아속회무위사(南無大悲觀世音 願我速會無爲舍)
나무대비관세음 원아조동법성신(南無大悲觀世音 願我早同法性身)

"대자비이신 관세음보살께 귀의하오니,
세상의 일체 법을 속히 알기 바라나이다.
대자비이신 관세음보살께 귀의하오니,
지혜의 눈을 빨리 얻기 바라나이다.
대자비이신 관세음보살께 귀의하오니,
일체 중생을 속히 제도하기 바라나이다.
대자비이신 관세음보살께 귀의하오니,
훌륭한 방편을 빨리 얻기 바라나이다.
대자비이신 관세음보살께 귀의하오니,
반야의 배를 속히 타기 바라나이다.
대자비이신 관세음보살께 귀의하오니,
괴로움의 바다를 빨리 건널 수 있기 바라나이다.
대자비이신 관세음보살께 귀의하오니,
지계(持戒)와 선정(禪定)의 도(道)를 빨리 얻기 바라나이다.
대자비이신 관세음보살께 귀의하오니,

열반의 산에 일찍 오르기 바라나이다.
대자비이신 관세음보살께 귀의하오니,
함이 없는 무위(無爲)의 처소에 빨리 이르기 바라나이다.
대자비이신 관세음보살께 귀의하오니,
빨리 부처님 몸[法性]과 같이 되기 바라나이다."

아약향도산 도산자최절(我若向刀山 刀山自摧折)[6]
아약향화탕 화탕자소멸(我若向火湯 火湯自消滅)
아약향지옥 지옥자고갈(我若向地獄 地獄自枯竭)
아약향아귀 아귀자포만(我若向餓鬼 餓鬼自飽滿)
아약향수라 악심자조복(我若向修羅 惡心自調伏)
아약향축생 자득대지혜(我若向畜生 自得大智慧)

"내가 칼로 만든 산에 이르면, 칼산이 저절로 꺾여지고
내가 뜨거운 불길에 이르면, 뜨거운 불길 저절로 소멸되며
내가 지옥에 이르면, 지옥이 저절로 말라버리며
내가 아귀의 세계에 이르면, 아귀들이 저절로 포만케 되고
내가 아수라의 세계에 이르면, 그들의 악한 마음 스스로 누그러지며
내가 축생의 세계에 이르면, 그들 스스로 지혜를 얻을 수

있게 하소서."

"이렇듯 발원을 마치고 난 후 지극한 마음으로 저의 이름을 부르고 생각할 것이며, 또한 마땅히 제 근본 스승〔本師〕이신 아미타여래(阿彌陀如來)의 이름을 불러 오롯이 생각한 후 이 '다라니신주'를 외우되 하룻밤에 5번을 외워야 합니다. 그러면 몸 가운데 백천만억 겁의 생사 중죄가 소멸되어 없어지게 될 것입니다."[7]

또다시 관세음보살께서 부처님께 아뢰기를,

"세존이시여, 만약 사람이나 천신들 중 누구라도 다라니〔大悲章句〕를 지녀 독송하는 자가 있으면 그가 목숨을 마칠 때 시방의 모든 부처님께서 다 오셔 손을 건네주실 것인 즉, 어떤 '불국토〔佛土〕'[8]에 탄생하기를 바랄지라도 원하는 바에 따라 다 왕생하게 될 것입니다."

또한 부처님께 아뢰기를,

"세존이시여, 만약 어떤 중생이 대비신주를 읽고 지니는 자로서 3악도(지옥·아귀·축생)에 떨어지는 자가 있다면 맹세컨대 저는 깨달음의 경지에 이르지 않겠습니다. 또한 대비신주를 읽고 지니는 자로서 모든 부처님들 나라에 태어나지 못한다면 맹세컨대 저는 깨달음에 이르지 않을 것이며, 그러한 그가 무량(無量)의 삼매와 함께 재주를 얻지 못한다면 맹세컨대 저는 깨달음에 이르지 않을 것입니다.

이 '대비신주(大悲神呪)'를 읽어 지니는 자가 현재의 생 가운데 일체 구하는 바를 이루지 못한다면 '대비심 다라니라10) 하지' 못할 것인 즉, 착하지 아니한 자와 지성으로 외우지 아니한 자는 제외가 될 것입니다.

그리고 모든 여인들 중 여자의 몸을 싫어하고 전하게 여겨 '남자의 몸을 이루기 원한 채'11) 대비다라니 장구(章句)를 읽고 지니되 만약에 여자의 몸이 변하여 남자의 몸을 이루지 못하는 자가 있다면, 맹세컨대 저는 깨달음에 이르지 않을 것입니다. 그럼에도 조금이라도 의심을 내는 자는 마땅히 '결과를 이룰 수'12) 없을 것입니다.

또한 만약 모든 중생이 불·법·승 삼보〔常住〕의 재물이나 음식을 침해·훼손시켰다면 1,000의 부처님이 세상에 출현해도 참회할 수 없을 것이며, '참회를 한다 하여도 그 죄를 씻어 멸할 수 없을 것입니다.'13) 그럼에도 대비신주를 독송하면 죄를 씻어 멸함을 얻을 수 있을 것인 즉, 만약 불·법·승 삼보〔常住〕의 식용 음식물이나 재물을 침해·훼손시켰다면 시방의 스승들께 참회하고 사죄한 연후 비로소 죄가 씻겨 멸할 것이니, 대비다라니를 독송할 때 시방의 '스승〔師〕'14)께서 오셔 증명해 주실 것이기 때문입니다.

그리하여 일체 죄의 장애되는 바 모두 소멸될 것인 즉, 십악죄 또는 오역죄를 지었다거나, 사람을 헐뜯고 법을 비방하였거나, 재(齋: 六齋日을 말함)15)를 파하고 계를 파했다거나, 탑을 깨뜨리고 절을 파괴하고 스님들의 물건을 훔치며 청정한 수행을 더럽힌 이 같은 일체 악업의 무거운 죄가 대비신주(大悲神呪)를 독송함으로써 모두 소멸되어 없어지게 될 것입니다.

그러나 오직 한 가지 경우만은 제외가 되니, 저 주문에 의심을 내는 자에 한해서는 작은 죄를 짓거나 가벼운 업을 행했음에도 죄를 멸할 수 없음이어늘 어찌 하물며 무거운 죄가 멸해진다 말할 수 있겠습니까? 그러나 그러한 사람 역시 비록 무거운 죄를 멸할 수는 없을지라도 주문을 외움으로써 깨달음에 이르는 먼 인연을 짓게 된다고 말할 수는 있을 것입니다."

또한 거듭 부처님께 아뢰기를,

"세존이시여, 만약 모든 사람이나 천신들로서 대비심주(大悲心呪)를 외워 지니는 자는 15가지 좋은 삶[生]을 얻을 것이고, 15가지 나쁜 죽음을 받지 않을 것입니다.

나쁜 죽음을 받지 않음이라는 것은 첫째,[16] 그가(其)[17] 목마르고 배고프고 가난하고 고통스러움에 죽지 않음입니다. 둘째, 감옥에 갇혀 몽둥이나 채찍에 맞아 죽지 않음이요, 셋째, 원수갚음을 당하여 죽지[怨家讐對死][18] 않음이요, 넷째, 전쟁터[軍陣][19]에서 서로 죽임을 당하지 않음을 말합니다.

또한 다섯째, 호랑이[狞][20]나 이리 등 악한 짐승의 피해를 입어 죽지 않음이요, 여섯째, 독사나 살모사, 전갈 등에 중독되어 죽지 않음이요, 일곱째, 물에 빠지거나 불에 타 죽지 않음이요, 여덟째, 독약에 중독되어 죽지 않음을 말합니다.

아홉째로는 뱃속에 있는 벌레[蠱][21]의 독으로 해를 입어[害][22] 죽지 않음이요, 열째, 미치거나 정신을 잃어 죽지 않음이요, 열한 번째, 산과 나무, 낭떠러지 등에서 떨어져 죽지 않음이요, 열두 번째, 악인이나 도깨비에 홀려 죽지 않음이요, 열세 번째, 사악한 신이나 악한 귀신에 의해 죽지 않음이요, 열네 번째, 악한 병이 몸을 감싸 죽지 않음이요, 그리고 열다섯 번째는 살해당하거나 자살로써 죽지 않음을 말합니다. 이렇듯 대비신주를 외워 지니는 자는 이와 같은 15가지 종류의 악한 죽음을 받지 않게 될 것입니다.

한편 15가지 좋은 삶[生]을 얻게 된다는 것은, 첫째, 태어나는 곳마다 항상 어진 임금을 만나게 됨이요, 둘째, 항상 좋은 나라에 태어나게 되며, 셋째, 항상 좋은 시절을 만나게 되고, 넷째, 언제나 좋은 벗을 만나며, 다섯째, 몸의 각 기관이 언제나 모두 갖춰짐을 얻고, 여섯째, 도(道)를 구하고자 하는 마음이 정밀히 깊어지며, 일곱째, 금한 바 계를 범하지 아니하고, 여덟째, 거느리는 권속들이 의롭고 은혜로이 화목하며, 아홉째, 돈과 더불어 재물과 음식이 항상 풍족함을 얻게 됨을 말합니다.

또한 열 번째, 항상 타인의 공경과 도움을 얻게 되고, 열한 번째, 있는 바 재산과 보물을 남에게 빼앗기지 않게 되며, 열두 번째, 뜻으로 바라고 구하는 바를 모두 맞아 이루게 될 것이며, 열세 번째, 용과 천신·선한 신들이 항상 돕고 호위할 것이며, 열네 번째, 태어나는 곳마다 부처님을 뵙고 법을 듣게 될 수 있을 것입니다. 그리고 열다섯 번째, 들은 바 바른 법의 깊은 뜻을 깨닫게 될 것입니다. 이렇듯 대비심다라니를 외워 지니는 자는 이와 같은 15가지 종류의 좋은 삶을 얻게 될 것입니다.

 그러므로 일체 사람과 천신들은 마땅히 언제나 이 대비심 다라니를 외워 지녀야 할 것이며, 게으르고 태만한 생각을 내서는 안될 것입니다."

 이 같은 말을 마치신 관세음보살께서 대중의 모임 앞에 합장하고 단정히 머무신 채, 연이어 모든 중생들에게 대자비심을 일으킨 환한 얼굴에 미소를 머금으시고 이와 같은 '광대하고 원만하며 거리낌없는 대비심의 대다라니(廣大圓滿無礙大悲心'大'陀羅尼)'[23]인 신묘장구다라니(神妙章句陀羅尼)를 설하셨습니다. 이에 이르시기를,[24]

 "나모라 다나다라 야야[1]

 나막알약[2] 바로기뎨 새바라야[3] 모지사다 바야[4] 마하사다 바야[5] 마하 가로니가야[6]
 옴[7] 살바바예[8]슈 다라 나가라야 다사명[9] 나막

 싸리다바 이맘알야[10] 바로기뎨 새바라 다바[11] 니라간타[12] 나막

하리나야 마발다 이샤미[13] 살발타 사다남 슈반[14] 아예염[15] 살바 보다남[16] 바바말아 미슈다감[17]

다냐타[18]

옴 아로계 아로가 마디[19]로가 디[20]가란데[21] 혜혜 하례[22]

마하 모지 사다바[23] 사마라[24] 사마라[25] 하리나야[26]

구로 구로 갈마[27] 사다야 사다야

도로 도로 미연데[28] 마하 미연데[29]

다라 다라[30] 다린 나례[31] 새바라[32]

자라 자라[33] 마라 미마라 아마라[34] 몰데

예[35]혜혜[36] 로계새바라 라아 미사미 나샤야[37] 나베 사미 사미 나샤야[38] 모하 자라 미사[39]미 나샤야[40]

호로 호로 마라[41] 호로 하례[42] 바나마나바

사라 사라[43] 시리 시리[44] 소로 소로[45] 못댜 못댜[46] 모다야 모다야[47]

매다리야[48] 니라간타[49] 가마 샤날샤남[50] 바라 하라 나야 먀낙[51] 사바하[52]

싯다야[53] 사바하[54] 마하 싯다야[55] 사바하[56] 싯다유예[57] 새바라야[58] 사바하[59]

니라간타야[60] 사바하[61] [62] [63]

바라하 목카 싱하 목카야[64] 사바하[65]

바나마 하짜야[66] 사바하[67]

자가라 욕다야[68] 사바하[69]

샹카 셥나녜 모다나야[70] 사바하[71]

마하라 구타다라야⁷² 사바하⁷³

바마사간타 니샤시톄다 가릿나 이나야 사바하

먀가라 잘마 니바사 나야⁷⁴ 사바하⁷⁵

나모라 다나 다라 야야⁷⁶ 나막 알야⁷⁷ 바로 기톄⁷⁸ 새바라 야⁷⁹ 사바하⁸⁰ ⁸¹ ⁸² ⁸³ ⁸⁴ "25) 26)

   관세음보살께서 이 주(呪: 다라니)를 설하고 나니 대지는 6종으로 진동하였고, 하늘에서는 보배의 꽃비가 어지러이 흩어져 내렸습니다. 또한 시방의 모든 부처님께서 환희하시고 천마·외도는 놀랍고 두려움에 떨었으며(모발이 쭈뼛해졌으며), 일체 대중들은 다 도과〔果〕를 증득하였으니 혹 수다원과·사다함과·아나함과·아라한과 또는 1지(地)·2지·3지·4지·5지²⁷⁾ 내지 10지(地)의 수행 지위를 얻고 수많은 중생들이 보리심을 발하게 되었습니다.²⁸⁾

   이때 대범천왕이 자리에서 일어나 옷을 단정히 하고 합장하여 공경을 표한 뒤 관세음보살께 말씀드리기를,

"정말 훌륭하십니다, 대보살〔大士〕이시여. 제가 과거로부터 지금에 이르도록 수없이 많은 부처님들 모임에 참석하여 여러 가지 법문과 다라니를 들었사온즉, 이 '무애대비심대비다라니(無礙大悲心大悲陀羅尼)'인 '신묘장구(神妙章句)'와 같은 것을 설함은 일찍이 듣지 못하였습니다. 오직 원컨대 대보살〔大士〕이시여, 저희를 위하여 이 다라니의 형상과 모양〔形貌狀相〕에 대해 말씀해 주소서. 저희들 대중은 즐겨 듣고자 원하옵니다."

이에 관세음보살께서 범천왕에게 이르시기를,

"네가 일체 중생들을 이익케 하고자 방편으로서 이 같은 질문을 하는구나. 이제 너는 자세히 듣거라. 내 너희를 위하여 간략히 말하리라."

그리고 이르시기를,

"대자비심(大慈悲心)이야말로 이 다라니의 형상과 모양〔形貌狀相〕이 되니, 이는 평등심(平等心)이라 말할 수 있다. 또한 무위심(無爲心)이며 무염착심(無染着心)·공관심(空觀心)·공경심 그리고 비하심(卑下心)과 무잡란심·무견취심(無見取心)·무상보리심(無上菩提心) 등이 그 표현이 되기도 하는 즉, 그대는 마땅히 이를 의지해서 수행토록 하라."

대범천왕이 아뢰기를,

"저희들 대중은 이제야 비로소 이 다라니의 표현〔相貌〕에 대해 알게 되었습니다. 이제부터 받아 지녀 감히 잊어버리지 않도록 하겠습니다."

이에 관세음보살께서 말씀하시기를,

"만약 선남자 선여인이 이 신주를 외워 지니고자 하거든 광대한 보리심을 발(發)하고, 맹세코 일체 중생을 제도할 서원을 세워야 한다. 그리고 몸은 재계(齋戒) 속에 머물러 모든 중생들에게 평등심(平等心)을 일으키고, 항상 이 주(呪)를 독송하되 끊임이 없어야 할 것이다. 또한 깨끗이 목욕을 하고 옷을 갈아입은 후 정돈된 방에 머물러야 할 것이니, 깃대를 매달며 등을 단 후 꽃과 많은 음식으로써 공양을 올린 다음 마음을 한 곳에 모아 다른 생각을 갖지 말아야 할 것이다.

이처럼 여법(如法)히 다라니를 외워 지니게 되면 그때 마땅히 일광보살과 월광보살께서 수많은 신선들과 함께 오셔서 증명해 주실 것인 즉, 그 효험이 더하게 될 것이다. 그리고 나 또한 천 개의 눈으로 비추어 보고 천 개의 손으로 그를 지켜 보호하리니, 이로써 세상의 모든 경전들을 능히 이해할 수 있게 되고 일체 외도의 법술과 함께 경전들을 능히 통달할 수 있을 것이다.

또한 이 신주를 외워 지니는 자는 세상 8만4천 가지의 병을 모두 치료하여, 낫지 않는 자가 없게 될 것이다. 그리고 일체 귀신을 부리고 천마(天魔)를 다스리며 일체 외도를 제압할 수 있으리니, 만약 산이나 들판에 머물러 경전을 외우거나 좌선을 하려 할 때 산의 정령들과 잡귀들이 마음을 안정되지 못하게 만들더라도 이 주문〔呪〕을 한 편만 외우면 모든 귀신들이 다 꼼짝못하게 될 것이다.

만약 여법히 다라니를 외워 지니되 모든 중생들에게 자비의 마음을 일으키는 자에게는 내 마땅히 일체 선신들과 용왕, 금강밀적에게 명(命)하여 마치 자기 눈동자나 자신 목숨을 보호하듯 그를 보호하되 그 곁을 떠나지 않게 하리라."

이어 게송으로서 이르시되,

"밀적금강(密跡金剛) 오추군다앙구시(烏芻君茶鶩俱尸)[1], 8부역사 상가라(八部力士賞迦羅)[2]에게 이르노니,

항상 마땅히 다라니 수지자를 옹호하여라.

마혜나라연(摩醯那羅延)[3]과 금강라타가비라(金剛羅陀迦毘羅)[4]에게 이르노니,

항상 마땅히 다라니 수지자를 옹호하여라.

바삽파루라(婆馺婆樓羅)[5]와 만선차발진타라(滿善車鉢眞陀羅)[6]에게 이르노니,

항상 마땅히 다라니 수지자를 옹호하여라.

살차마화라(薩遮摩和羅)[7]와 구란단타반지라(鳩闌單咤半祇羅)[8]에게 이르노니,

항상 마땅히 다라니 수지자를 옹호하여라.

필파가라왕(畢婆伽羅王)[9]과 응덕비다살화라(應德毘多薩和羅)[10]에게 이르노니,

항상 마땅히 다라니 수지자를 옹호하여라.

범마삼발라(梵摩三鉢羅)[11]와 오부정거염마라(五部淨居炎摩羅)[12]에게 이르노니,

항상 마땅히 다라니 수지자를 옹호하여라.

제석천왕과 33천[13], 그리고 대변공덕파항나(大辯功德婆恒那)[14]에게 이르노니

항상 마땅히 다라니 수지자를 옹호하여라.

제두뢰타왕(提頭賴咤王)[15]과 신모녀등(神母女等) 대력중(大力衆)[16]에게 이르노니,

항상 마땅히 다라니 수지자를 옹호하여라.

비루륵차왕(毘樓勒叉王)[17]과 비루박차비사문(毘樓搏叉毘沙門)[18]에게 이르노니,

항상 마땅히 다라니 수지자를 옹호하여라.

금색공작왕(金色孔雀王)[19]과 28부 대선중(大仙衆)[20]에게 이르노니,

항상 마땅히 다라니 수지자를 옹호하여라.

마니발타라(摩尼跋陀羅)[21]와 산지대장 불라파(散支大將弗羅婆)[22]에게 이르노니,

항상 마땅히 다라니 수지자를 옹호하여라.

난타(難陀)와 발난타(跋難陀)[23], 파가라용 이발라(婆伽羅龍伊鉢羅)[24]에게 이르노니,

항상 마땅히 다라니 수지자를 옹호하여라.

수라(脩羅)·건달바(乾闥婆)[25] 및 가루라(迦樓羅)·긴나라(緊那羅)·마후라가(摩睺羅迦)[26]에게 이르노니,

항상 마땅히 다라니 수지자를 옹호하여라.

수화신(水火神)과 뇌전신(雷電神)[27], 구반다왕 비사사(鳩槃

茶王毘舍闍)²⁸에게 이르노니,
　항상 마땅히 다라니 수지자를 옹호하여라."²⁹⁾

"이 모든 선신들 및 용왕·신모녀(神母女)들에게는 각 500명씩의 권속과 대력야차(大力夜叉)가 있어, 항상 대비신주를 외워 지니는 자들을 좇아 옹호할 것이다. 혹 그 사람이 인적이 없는 산이나 광야에서 홀로 외로이 밤을 지새울 때에도 이 모든 선신들이 번갈아 보호하여 재난과 장애를 물리쳐 없애 줄 것이며, 깊은 산 가운데 길을 잃을지라도 이 주문을 독송하면 선신과 용왕이 사람의 모습으로 변하여 바른 길을 안내해 줄 것이다. 또한 숲 속이나 광야에서 물과 불이 없어 곤란을 당할 때에도 용왕이 보호하는 까닭에 물과 불을 얻을 수 있을 것이다."

이어 관세음보살께서는 다라니를 외워 지니는 자들을 위해, 재앙을 없애고 청량함을 얻게끔 다음의 게송을 말씀해 주시기도 하였습니다.

　넓은들판 산과못을 지나는중에
　호랑이와 악한짐승 만날지라도

뱀과전갈 도깨비나 요귀들역시
이주문을 듣게되면 못해치리라

강과호수 넓은바다 건너는중에
독룡이나 교룡이나 마갈수거나
야차나찰 큰고기나 자라들역시
이주문을 듣게되면 숨게되리라

전쟁터의 적군에게 포위되거나
나쁜사람 재산보물 빼앗아가도
지성으로 대비주를 외우게되면
그들에게 자비생겨 무사하리라

왕의관리 월급받는 몸이었다가
감옥에서 감금당해 칼에채여도
지성으로 대비주를 외우게되면
관청에서 은혜로이 풀어주리라

한적한길 악한집에 머물게되어
독이있는 음식먹어 피해입어도

지성으로 대비주를 외우게되면
독약음식 감로수로 변해지리라

여인들이 고통중에 아이낳을때
나쁜귀신 장애되어 괴로울때도
지성으로 대비주를 외우게되면
귀신들이 물러가고 편안하리라

악룡들과 역질귀신 독기를뿜어
열병기운 침입하여 위태로워도
지성으로 대비주를 외우게되면
열병기운 없어지고 수명길리라

용과귀신 나쁜종기 유행시켜서
피고름의 고통으로 곤란받을때
지성으로 대비주를 외우게되면
침을세번 뱉어냄에 소멸되리라

오탁악세 중생들이 악심을내고
귀신에게 주문외워 날저주해도

지성으로 대비주를 외우게되면
악한귀신 그에게로 붙게되리라

악한세상 혼탁하여 법이멸할때
음욕의불 치성하여 마음희미해
본래의처 버리고서 탐욕을부려
아침저녁 삿된생각 쉬임없을때

만약능히 대비주를 외우게되면
음욕의불 멸해지고 사심멸하리
내가만약 주문공덕 찬탄한다면
일겁세월 칭송해도 다함없으리

이와 같은 게송을 마치신 관세음보살께서 또다시 범천에게 이르시기를,

"이 주문을 5번 외운 다음 5색 끈으로 줄을 만들고, 그런 다음 또다시 주문 21번을 외운 후 21번의 매듭을 지어 목에 걸어라. 이 다라니는 과거 99억 항하사(恒河沙)[30] 모든 부처님들께서 말씀하신 것으로, 모든 수행자들을 위함에 그 까닭

이 있는 것이다.

그럼으로써 6바라밀 수행이 구족하지 못한 이로 하여금 속히 바라밀 수행을 구족케 하며, 깨달음의 마음을 발(發)하지 못하는 자로 하여금 속히 그 마음을 드러내고, 성문(聲聞)의 단계에 머무는 자로 하여금 수행의 과위(果位)를 증득할 수 있게 하는 데 다라니를 설(說)한 까닭이 있는 것이다.

그러므로 삼천대천세계 안의 모든 신선과 사람들로서 아직 최상의 깨달음의 마음[無上菩提心]을 드러내지 못하는 자로 하여금 속히 그 마음을 일으키고자 하는 데 이 다라니를 설한 까닭이 있으며, 대승(大乘)의 믿음[信根]을 갖지 못하는 모든 중생들이 이 다라니의 위신력으로 대승 종자의 씨앗을 증장케 하고자 하는 데 다라니를 설한 까닭이 있는 것이다.

나의 방편과 자비의 힘으로써 그 필요한 바를 모두 이루게 하리니, '대삼천대천세계' 깊고 어두운 곳에 살고 있는 지옥·아귀·아수라 중생[三塗衆生][31]들도 나의 이 주문을 들은 즉 고통에서 벗어날 수 있을 것이다.

또한 수행 단계에 있어 초주(初住)에 이르지 못한 보살들 역시 이 주문을 들은 즉 초주 내지 10주(十住)의 지위에 오를 수 있으며 불지(佛地)[32]에까지 이르를 수 있으리니, 자연히 32가지의 위인상과 함께 80가지의 뛰어난 성인의 모습을 갖추게 될 것이다.

그리고 만약 성문(聲聞)의 지위에 머물러 이 다라니를 한 번 듣는다거나, 다라니에 의한 수행 내지 다라니를 베껴 쓰는 자로서 바른 마음으로 여법히 머무는 자는 4사문과(四沙門果)33)를 구하지 않아도 얻게 될 것이다.

그리고 삼천대천세계 안의 산하(山河)와 돌로 만든 벽 내지 네 바닷물이 능히 끓어오르고, 수미산과 철위산이 요동하거나 티끌같이 부서져버린다 해도 그 가운데 중생들은 모두 위없는 깨달음의 마음을 지닐 수 있으리니, 모든 중생 가운데 현세에 구하는 바가 있는 자는 3·7일(21일을 뜻함)간 단정히 재계(齋戒)를 지키고 다라니를 외우면 필히 원하는 바를 얻게 될 것이다. 그리하여 끝없는 과거로부터 미래에 이르기까지의 일체 악업이 멸해 없어지리니, 삼천대천세계의 일체 불보살들과 범천·제석천·사천왕·신선 및 용왕들이 모두 다 그를 증명하여 줄 것이다.

또한 모든 사람이거나 천신들로서 이 다라니를 외워 지니는 자가 강이나 개천·큰 바다 가운데 머물러 있을 때, 그 속에서 목욕하는 여타의 중생들은 다라니 수지자의 몸을 씻은 물이 그들 몸에 닿음으로서 일체 악업중죄가 소멸되고, 이내 또다른 정토세계에 이르러 태생·난생·습생의 몸을 받지 않고 연꽃 위에 화생(化生)할 것인 즉, 어찌 하물며 다라니를 외워 지니는 자야 더 말할 나위가 있겠느냐.

그리고 다라니를 외워 지니는 자가 길을 지날 때 큰 바람이 불어 그 사람의 몸이나 모발·옷을 스친 바람이 모든 종류의 중생들을 스쳐 지나도, 그들은 모두 일체 악업중죄를 멸하고 삼악도의 몸을 받지 않은 채 항상 부처님 처소에 태어나리니, 다라니를 외워 지니는 자의 복덕과 과보는 가히 헤아릴 수 없음을 마땅히 알지니라.

한편 다라니를 외워 지니는 자의 말(言)은 그것이 좋은 말이건 나쁜 말이건 간에 일체의 하늘 마귀나 외도·천신과 용·귀신이 들을 때에는 모두 청정한 법의 소리와도 같아 그 사람에게 존경심을 나타내 보이리니, 마치 부처님을 존경하듯 할 것이다.

이에 마땅히 알라. 이 다라니를 외워 지니는 자는 부처의 몸을 감추어 지닌 것이라 할 수 있으니, 99억 항하사 모든 부처님들께서 사랑하고 아껴주시는 까닭이다. 또한 그 사람은 광명의 몸이라 할 수 있으니, 일체 여래께서 광명으로 비추어 주시는 까닭이다. 그리고 그는 또한 자비의 창고가 되어지느니, 항상 다라니로써 중생들을 구제하는 까닭이다.

그러한 그는 묘한 법을 지니는 바 되느니 널리 일체 다라니문(門)을 거두어 지니는 까닭이며, 또한 선정을 지니는 바 되느니 백천 가지 삼매가 항상 드러나 있기 때문이다. 또한 허공을 머금고 있는 바 되느니 공(空)의 지혜로써 항상 중생들을 바라보게 되는 까닭이다. 한편 그는 두려움 없음을 지닌 몸이니 용과 천신·선신들이 항상 그를 보호하기 때문이다.

그는 또한 오묘한 말(語)을 지녔다 할 것이니 입 가운데 다라니 소리 끊이지 않는 까닭이요, 영원히 머무는 몸을 지녔다 하리니 삼재(三災)와 악겁(惡劫)34)도 능히 그를 괴멸시키지 못하는 까닭이다. 그리고 해탈의 몸을 지녔다 하리니 하늘 마귀와 외도가 그의 몸에 능히 머물지 못하는 까닭이며, 그는 약왕(藥王)의 몸이라 할 수 있으니 항상 다라니로써 중생들을 치료하는 까닭이니라. 또한 신통을 감춘 바 된다고 말하리니 모든 부처님들 국토에 자재할 수 있는 까닭으로, 이렇듯 그 사람의 공덕은 말로써 찬탄해도 다함이 없으리라.

선남자여, 만약 어떤 사람이 세간의 고통(苦)35)을 싫어하여 오래 살기를 구하는 자가 있다면, 한적하고 깨끗한 장소에 머물러 청정히 결계(結界)를 행할지니라. 또한 주술(呪) 옷을 입고, 물을 마시거나 음식을 먹거나 향을 바르거나 약을 먹거나 할 때 모두 주문 108번을 외울지니, 그러한 연후 각각의 것을 취하면 마땅히 오랜 수명을 누리게 될 것이다.

여기서 결계(結界)를 행하는 방법으로는 칼을 들고 주문을 21번 외운 후 칼로써 땅에 금을 그어 경계를 삼거나, 또는 깨끗한 물을 갖고서 주문을 21번 외운 후 사방에 흩뿌려 경계를 삼기도 하며, 백개자(白芥子)를 지니고 21번 주문을 외운 후 사방에 던져 경계를 삼기도 하고, 혹은 생각으로써 그 생각 이르는 곳마다 경계를 삼거나, 깨끗한 재[灰]를 가지고 21번 주문을 외운 후 두루 뿌려 경계를 삼기도 하고, 또는 오색실을 갖고 21번 주문을 외운 후 사방에 둘러 경계를 삼는 것이니, 능히 여법(如法)히 받아 지니면 자연히 결과를 얻게 될 것이다.

이 다라니의 이름을 한 번 들은 자는 무량겁 생사중죄를 멸할 수 있으리니, 하물며 다라니를 외워 지니는 자의 공덕을 어찌 다 말할 수 있겠느냐. 이에 마땅히 알라. 이 신주를 얻어 독송하는 사람은 일찍이 수없이 많은 부처님께 공양을 올리고 널리 착한 인연을 심은 것이라 할 수 있으니, 더욱이 모든 중생들의 고난을 없애기 위해 여법히 독송하는 자는 크나큰 자비를 갖춰 오래지 않아 부처를 이룰 수 있을 것이다.

또한 그 사람을 봄으로써 모든 중생은 다라니를 독송하게 될 것이고 그로 인하여 귀로 듣게 되어 깨달음의 인연을 짓게 되느니, 그의 공덕은 능히 찬탄하여 다할 수 없는 것이다. 만약 정성스럽게 마음을 내어 몸으로서 재계(齋戒)를 지키는 한편, 일체 중생을 위해 이전 모든 업의 죄를 참회하고 스스로 무량겁 이래의 가지가지 악업을 참회하면서 입으로 거듭거듭 이 다라니를 독송하여 그 소리 끊이지 않는 자는 4사문과(四沙門果)를 금생에 증득할 수 있기도 할 것이다. 그리고 선한 성품을 갖고 지혜로서 방편을 관(觀)하는 자는 10지(地)의 수행 과위를 쉽게 얻을 수 있거늘, 어찌 세간의 소소한 복덕이겠느냐? 원하고 구하는 바 이루어지지 않음이 없을 것이다.

한편 만약에 귀신을 부리고자 하는 자는 들판에서 해골을 구해 깨끗이 씻은 뒤, 천 개의 얼굴을 한 관세음보살상(像) 앞에 제단을 설치하고 갖가지 향과 꽃·음식으로써 7일 동안 제사를 지내면, 그 해골이 육신의 몸을 띠고 나타나 그 사람의 명을 따를 것이다. 또한 사천왕을 부리고자 한다면 주문을 외우며 제단(祭壇)을 마련한 뒤 향(香)을 사르면 되느니, 이것은 보살의 큰 자비와 깊고 무거운 원력에 기인하는 것이며, 이 다라니의 위신력이 광대한 데 그 까닭이 있는 것이다."

이렇듯 관세음보살께서 말을 마치시자, 이내 부처님께서 저(아난)에게 이르시되

"만약 한 나라에 재앙과 혼란이 일어날 때 그 나라의 왕이 바른 법으로 나라를 다스리고 사람들을 관대히 대하며, 필요한 물건을 풍족히 공급해 중생들이 억울한 마음 내지 아니하며, 모든 허물을 용서해 7일간 밤낮으로 몸과 마음 오롯이 '대비심다라니 신주'를 외워 지니면, 그 나라의 일체 재앙과 혼란이 다 멸하여 없어지게 될 것이며 오곡이 풍성하고 만백성이 안락하게 되리라.

또한 다른 나라의 원수(怨讐)들이 수시로 침입해 백성이 불안해하고 신하들이 반역하며 역병이 유행하고 가뭄이 들며 해와 달이 조화를 잃는 등, 이와 같은 가지가지 재앙과 혼란이 일어날 때는 마땅히 천안대비심(天眼大悲心: 천 개의 눈을 가진 관세음보살)의 상(像)을 조성하여 서쪽을 향하게 하고 갖가지 향과 꽃·깃대·보개(寶蓋) 또는 백 가지 음식의 지극한 공양을 올릴 것이다. 그리고 나라의 왕이 7일간 밤낮으로 몸과 마음 오롯이 이 다라니 신묘장구(神妙章句)를 외워 지니면 다른 나라의 원수들이 스스로 항복하리니, 나라가 바르게 다스려지고 근심과 고뇌 생겨나지 않을 것이다.

그리하여 나라가 자비로운 마음으로 서로를 향하고 왕자 및 백관들이 모두 충성할 것이며 왕비와 궁녀 또한 효순하여 왕을 공경하리니, 모든 용과 귀신 또한 그 나라를 옹호하여 비가 윤택하고 좋은 시절에 과실 역시 풍족하여 백성들은 기뻐 즐거워할 것이다.

한편 집안에 큰 악병이 생기고 수많은 기괴한 일들이 다투어 일어나며, 귀신과 사악한 악마가 그 집을 어지러이 혼란케 하고, 악한 사람이 거짓된 입과 혀로써 서로 모사하고 해를 입혀 집안 대소 친지들이 화합하지 못하면, 마땅히 천안대비상(천 개의 눈을 가진 관세음보살상)을 향하여 그 앞에 제단과 도량을 설치하고 지극한 마음으로 관세음보살을 생각한 채 이 다라니를 독송하되 1,000편을 외워야 할 것이다. 이와 같이 행한 즉 악한 일들이 모두 다 소멸되어 길이 안락과 안은함을 얻게 되리라."

이때 제(아난)가 부처님께 여쭙기를

"세존이시여, 이 다라니의 이름은 무엇이며, 어떻게 받아 지녀야 하겠습니까?"

이에 부처님께서 저(아난)에게 말씀하시기를,

"이 신주(神呪)에는 여러 가지 이름이 있으니 일명 '광대원만(廣大圓滿)'이고 '무애대비(無礙大悲)'이며, 또는 '구고(救苦)다라니'·'연수(延壽)다라니'·'멸악취(滅惡趣)다라니'·'파악업장(破惡業障)다라니'·'만원(滿願)다라니'·'수심자재(隨心自在)다라니'·'속초상지(速超上地)다라니'라 불리우나니 이와 같이 받아 지니라."

제(아난)가 또다시 부처님께 여쭙기를

"세존이시여, 능히 이와 같은 다라니를 설하시는 이 보살마하살은 다시 어떤 이름이 있습니까?"

이에 부처님께서는

"이 보살의 이름은 관세음자재(觀世音自在)로서 일명 연색(撚索) 또는 천광안(千光眼)이라 불리우기도 한다. 선남자여, 이 관세음보살에게는 불가사의한 위신력이 있으니 과거 무량겁 가운데 이미 부처의 경지에 이르렀는바, 그 호(號)를 정법명(正法明)여래라 하였다. 그럼에도 대비원력으로 모든 중생을 안락·성숙케 하기 위하여 보살의 형상을 나타냈으니, 너희 대중들과 모든 보살마하살·범천·제석천·용과 귀신 등은 마땅히 그를 공경해야 할 것인 즉, 절대 가벼운 생각을 내서는 안될 것이다.

또한 일체 사람들과 천신들 역시 항상 모름지기 그에게 공양을 드려야 하며, 오롯한 마음으로 그의 이름을 불러야 할 것이다. 그로써 한량없는 복을 얻고 한량없는 죄를 사할 수 있을 것이며, 또한 그렇게 함으로써 목숨이 마치고 난 뒤 아미타부처님 국토에 왕생하게 될 것이다."

부처님께서 또다시 저(아난)에게 말씀하시기를,

"관세음보살이 설한 이 신주(神呪)는 진실하여 헛되지 않나니, 이 보살께서 오시기를 청하고자 하면 졸구라향(拙具羅香)을 사룬 후 3·7번 주문을 독송하면 보살이 곧 나타나게 될 것이다.(졸구라향은 安息香을 말한다.)

또한 고양이의 혼이 씌인 자가 있으면 미리타나(弭哩吒那: 죽은 고양이의 해골을 말한다)를 태운 후 깨끗한 진흙과 섞어 고양이의 형상을 빚은 다음, 천 개의 눈을 가진 관세음보살상 앞에 놓고 강철〔鑌鐵〕로 만든 칼로써 108토막을 자름과 동시에 주문을 108번 외우게 되면 완전히 쾌차하여 그 혼이 달라붙지 않을 것이다.

만약 벌레의 독으로 인해 해를 입은 자는 약겁포라(藥劫布羅: 龍臘香을 말한다)를 구해 졸구라향과 같은 배율로 섞고 우물물 한 되를 붓고 달여, 그 한 되의 물을 천 개의 눈을 가진 관세음보살상 앞에 놓고 주문 108번을 외운 후 마신 즉 낫게 되리라.

그리고 독한 뱀이나 전갈에게 쏘인 자는 마른 생강 가루를 가지고 주문을 1·7번(7번을 뜻함) 외운 후 상처 가운데 바르면 즉시 독이 제거되어 낫게 되리라.

한편 악한 원수가 글로써 이리저리 모사를 꾸밀 경우에는 깨끗한 흙이나 밀가루로 그 사람의 형상을 빚어 천 개의 눈을 가진 관세음보살상 앞에 놓은 다음, 강철[鑌鐵]로 만든 칼로써 108토막을 자름과 동시에 주문을 108번 외우면서 그 사람의 이름을 한 번씩 부르고 난 다음 그 잘라진 108토막을 불에 태워버리면, 그가 환희의 마음을 일으켜 죽을 때까지 두터운 정으로써 서로 돌보고 공경하게 되리라.

또한 눈[目]에 병이 생겨 눈알이 상하거나 눈은 떠 있어도 볼 수 없는 자, 눈에 백태가 끼고 빨간 꺼풀이 생겨 광명이 없는 자는 가리륵과(訶梨勒果)와 암마륵과(菴摩勒果)·비혜륵과(韜醯勒果) 등의 과실 1개씩을 구해 미세한 분말이 되도록 빻을 것인데, 그것을 빻을 때에는 모름지기 깨끗함을 유지해야 할 것이다. 즉 근래 아이를 낳은 여인에게 그것을 시켜서는 안 되며, 돼지나 개가 보지 못하게끔 하고서 입으로는 염불을 계속하여야 할 것이다.

그리고 나서 그것을 흰 꿀이나 사람의 젖과 섞은 후 눈 안에 집어넣을 것인 즉, 사람의 젖을 사용할 경우에는 남자아이를 낳은 여인의 젖이어야지 여자아이를 낳은 여인의 젖은 효험이 없을 것이다. 그런 다음 천 개의 눈을 가진 관세음보살상 앞에 주문을 1,008번 외우는 가운데 바람 없는 깊은 방에 7일을 꼬박 머물러야 할 것인 즉, 눈알이 소생하고 청맹과니가 앞을 볼 것이며 눈에 백태가 낀 자 빛을 볼 수 있을 것이다.

만약 학질에 걸린 자가 있다면 호랑이나 표범·승냥이·늑대 등의 가죽을 구해 주문을 3·7번 외우고 난 후 그것을 몸에 둘러싸면 낫게 될 것인 즉, 사자의 가죽을 둘러싸는 것이 제일 좋을 것이다.

뱀에 물리거나 벌레에 쏘였다면 쏘인 사람의 결넝(結曋36): 귀지)을 가지고 주문을 3·7번 외우고 난 후 쏘인 데에 붙이면 곧 나을 것이다.

심한 학질에 걸려 정신을 잃고 생명이 위독하게 된 때에는 크기는 상관없이 복숭아 한 개에 물 한 되를 부어 반되가 되도록 끓인 뒤, 주문 7번을 외우고 난 후 그 물을 마시면 낫게 될 것이다. 그런데 그 약은 부인이 끓이게 해서는 안 된다.

 만약 죽은 사람의 혼이 씌워 병에 든 사람은 졸구라향을 구해 주문을 3·7번 외운 뒤 그것을 태워 연기를 콧구멍에 집어넣거나, 토끼똥 크기로 7개의 환(丸)을 만들어 주문 3·7번을 외운 후 삼키면 낫게 되리라. 그런데 그때에는 술과 고기, 오신채(五辛菜) 등을 피하고 나쁜 말 또한 삼가해야 할 것이다. 또는 마나시라(摩那屎羅: 雄黃을 말한다)를 구해 백개자(白芥子)와 섞어 소금에 무친 뒤 주문을 3·7번 외운 다음 환자의 침상 밑에서 태우게 되면 그 혼은 감히 붙어있지 못하고 달아나 버릴 것이다.

 또한 귀머거리가 된 자는 주문을 외우면서 호마유(胡麻油)를 귀 가운데 바르면 곧 낫게 되리라.

 중풍으로 귀와 코가 기능을 잃거나 손발이 마음대로 움직여지지 않는 자는 호마유에 청목향(靑木香)을 넣어 끓인 뒤 주문 3·7번을 외운 후 그것을 몸에 문질러 바르면 낫게 되리라. 또는 깨끗한 소의 요구르트〔酥: 연유〕를 가지고 주문 3·7번을 외운 후 몸에 문질러 바르면 역시 낫게 되리라.

아이를 낳을 때 난산을 하는 자는 호마유를 가지고 주문 3·7번을 외운 후 산모의 아랫배와 자궁에 문질러 바르면 아이를 쉽게 낳을 수 있을 것이다.

만약 부인이 임신을 하였으나 자식이 뱃속에서 죽었을 경우에는 아파말리가초(阿波末利伽草: 牛膝草) 한 냥〔一大雨37)〕을 구해 깨끗한 물 두 되를 넣고 끓여 1되를 취한 다음, 주문 3·7번을 외운 후 그것을 마시면 아무런 고통도 없이 죽은 아이가 밖으로 나오게 되리라. 태(胎)의 껍질이 나오지 않을 때에도 역시 이 약을 복용하면 효과가 있을 것이다.

한편 가히 참을 수 없을 정도로 갑자기 심장〔心〕에 통증이 찾아오는 것을 둔시주(遁屍疰) 증상이라 하는데, 이럴 경우에는 군주로향(君柱魯香: 薰陸香)을 젖꼭지 한 알만큼 구해 주문 3·7번을 외운 후 입안에 넣고 목구멍으로 녹이게 되면 얼마 있지 않아 변화가 보이는 바, 그것을 뱉어버리면 곧 낫게 되리라. 그때 주의할 점은 오신채 및 술·고기를 먹지 않아야 한다는 것이다.

그리고 화상을 입어 상처가 났을 때에는 열구마이(熱瞿摩夷: 검은 소의 오줌)를 구해 주문 3·7번을 외운 후 상처 위에 바르면 낫게 되리라.

회충으로 인하여 고통을 받을 때에는 골로말차(骨魯末遮:

흰 말의 오줌) 반되를 구해 주문 3·7번을 외우고 마시면 곧 나으리라. 증세가 심한 자는 한 되를 마시면 되는데, 그렇게 하면 벌레들이 초록색 끈처럼 쏟아져 나오게 되리라.

부스럼환자의 경우에는 능쇄(凌鎖)의 잎을 빻아 즙을 만들고 주문 3·7번을 외운 뒤 상처 위에 물방울 떨어지듯 떨어뜨리면 부스럼의 뿌리가 뽑혀 낫게 되리라.

쇠파리에게 눈을 쏘인 환자의 경우에는 골로달거(骨魯怛佉: 어린 당나귀의 오줌)를 구해 그것을 걸러 즙을 취한 다음, 주문 3·7번을 외운 후 밤에 잘 때 눈에 바르면 낫게 되리라.

배에 통증이 있는 자는 깨끗한 우물물에 소금[印成鹽] 3·7개를 녹여 주문 3·7번을 외우고 난 후 반되 분량을 마시게 되면 곧 낫게 되리라.

눈이 빨갛게 충혈되거나 눈 안에 굳은 살이 끼인 자, 혹은 눈이 흐려지는 자는 사사미(奢奢彌: 苟杞) 잎을 구해 그것을 빻은 다음 걸러 그 즙을 가지고 주문 3·7번을 외운 다음 그 안에 푸른색 동전을 집어넣어라. 그리고 하룻밤이 지나 주문 7번을 외운 다음 그것을 눈에 바르면 곧 낫게 되리라.

밤마다 두려움을 느끼고 불안·공포에 떨며 언제나 출입시에 두렵고 놀라는 기색을 보이는 자는 흰 실을 구해 매듭을 지을 것이다. 그리고 주문 3·7번을 외운 후 21번의 매듭을 짓게 되면 즉시 공포가 사라질 뿐만 아니라 죄를 소멸함 또한 얻게 되리라.

집안에 재난이 끊임없이 일어나는 자는 한 치 크기의 석류 가지 1,008개를 구해 그 양 끝에 요구르트[酥酪]와 꿀을 묻힌 다음 주문 1번을 외울 때마다 1개씩, 1,008개 모두를 태워 버린 즉 일체 재난이 모두 소멸되리라. 이때는 필히 부처님을 앞에 모셔둔 채 행해야 할 것이다.

일체의 싸움터나 논쟁을 일삼는 곳에 나아갈 때는 백창포(白菖蒲)를 구해 주문 3·7번을 외운 다음 그것을 오른쪽 팔에 묶어 두면 언제나 승리하게 되리라.

혹 사사미(奢奢彌) 가지를 구해 한 치 정도의 크기로 1,008개를 잘라 그 양 끝에 연유 또는 흰 꿀·요구르트 등을 바른 후 주문을 한 번 외울 때마다 1개씩을 태워 1,008개를 다 태우되, 하루를 세 차례로 나누어 각 차례 때마다 1,008번씩의 주문을 외우며 7일을 계속하면 스스로 깨달음을 얻고 지혜를 통달할 수 있을 것이다.

큰 힘을 가진 귀신을 항복시키고자 하는 자는 아리슬가재(阿唎瑟迦柴: 木患子를 말한다) 나무를 구해 주문 7·7번(49번을 뜻함)을 외운 후 관세음보살상 앞에서 그것을 그슬린 다음 양 끝에 요구르트와 꿀을 바르라. 또는 호로자나(胡嚧遮那:

牛黃을 말한다) 한 냥을 유리병에 넣은 뒤 관세음보살상 앞에 두고 주문 108번을 외운 다음 몸과 이마에 두루 바르면 일체 천(天)·룡(龍)·귀신·인비인(人非人)이 모두 다 환희하리라.

만약 쇠사슬로 몸이 묶여진 자는 흰 비둘기 똥을 구하여 주문 108번을 외운 다음, 그것을 손에 발라 쇠사슬을 문지르면 그 쇠사슬이 저절로 풀려나게 되리라.

부부가 마치 물과 불처럼 서로 화합하지 못하면 원앙새의 꼬리를 구해 관세음보살상 앞에서 주문 1,008번을 외운 후 그것을 허리에 차게 되면, 죽을 때까지 환희하고 서로 사랑·공경하게 되리라.

벌레들이 밭의 곡식과 오과(五果 : 복숭아·자두·살구·밤·대추 등 다섯 과실)를 먹지 못하게끔 하고자 하면, 깨끗한 재나 모래 혹은 깨끗한 물을 가지고 주문 3·7번을 외운 후 밭의 곡식과 과일, 그리고 사방에 흩뿌리면 벌레들이 그리로부터 물러서게 되리라."

부처님께서 또다시 저(아난)에게 말씀하시되,

"만약 사람들이 부유하게 살고 여러 가지 진기로운 보배를 갖추고자 하면 '여의주수(如意珠手)[38] 진언'을 외우라.[39]

또한 여러 불안에서 안락을 구하고자 하면 '견색수(羂索手) 진언'을 외우라.

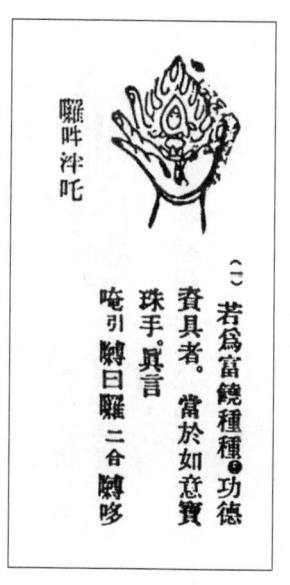 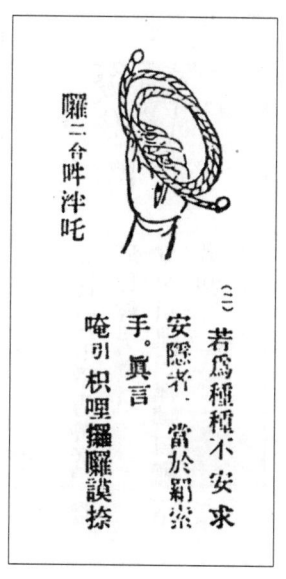

여의수주(如意珠手) 진언   견색수(羂索手) 진언

옴, 바아라, 바다라 훔, 바탁   옴, 기리라라[40], 모나라, 훔, 바탁

그리고 뱃속에 여러 병이 있는 자는[41] '보발수(寶鉢手)진언'을 외우라.

일체 도깨비와 귀신들을 항복받고자 하면 '보검수(寶劍手)진언'을 외우라.

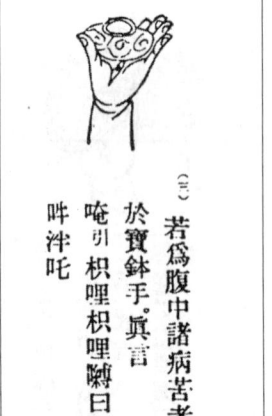

보발수(寶鉢手)진언   보검수(寶劍手)진언

옴, 기리기리, 바아라, 훔, 바탁

옴, 제셰 제야, 도미니, 도제 샅다야, 훔 바탁

일체 천마(天魔)나 신(神)42)을 항복받고자 하면 '발절라수(跋折羅手)진언'을 외우라.

일체 원수나 적을 굴복시키고자 하면 '금강저수(金剛杵手)진언'을 외우라.

발절라수(拔折羅手) 진언

옴, 니베, 니베, 니뱌, 마하 시리에, 사바하

금강저수(金剛杵手) 진언

옴, 바아라, 아니, 바라닙다야 사바하

43) 모든 곳에서 항상 두려워 불안에 떠는 자는 '시무외수(施無畏手)진언'을 외우라.

눈이 어두워〔闇〕44) 광명을 보지 못하는 자는 '일정마니수(日精摩尼手)진언'을 외우라.

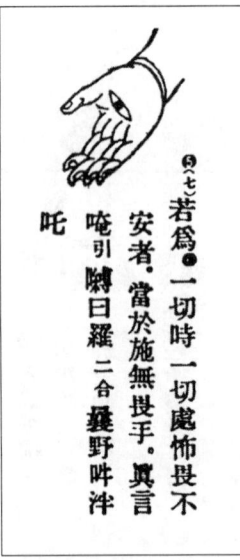 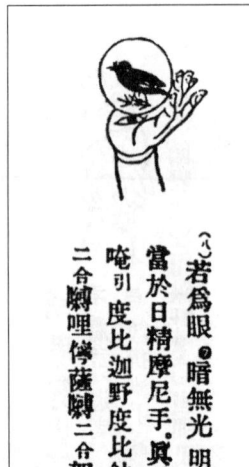

시무외수(施無畏手)진언   일정마니수(日精摩尼手)진언

옴, 아라나야, 훔 바탁   옴, 도비가야, 도비바라, 바리니, 사바하

열병이나 독한 병에 걸린[45] 자로서 청량함을 얻고자 하면 '월정마니수(月精摩尼手)진언'을 외우라.

영화로움이나 높은 벼슬을 위해서는[46] '보궁수(寶弓手)진언'을 외우라.

 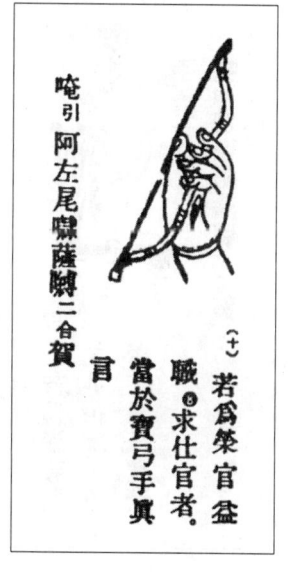

월정마니수(月精摩尼手)진언　　　보궁수(寶弓手)진언

옴, 소시디, 아리, 사바하　　　옴, 아자미례, 사바하 모든 착한 벗을 일찍 만나려면47) '보전수(寶箭手)진언'을 외우라.

몸에 있는 가지가지 병(病)48)을 없애려면 '양지수(楊枝手)49)진언'을 외우라.

보전수(寶箭手)진언

옴, 가마라, 사바하

양지수(楊枝手)진언

옴, 소심디, 가리, 바리다, 남다, 목다예, 바아라, 바아라, 반다, 하나 하나, 훔 바탁

몸의 악과 장애, 곤란을 없애려면50) '백불수(白拂手)진언'을 외우라.

일체 권속들이 착하고 화목하기를 원하면 '호병수(胡瓶手)51)진언'을 외우라.

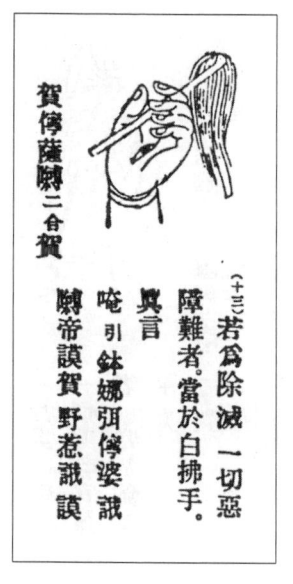 

백불수(白拂手)진언 호병수(胡瓶手)진언

옴, 바나미니, 바아바데, 모하야 아아모하니, 사바하

옴, 아레, 삼만염, 사바하

호랑이나 표범,52) 일체 악한 짐승을 물리쳐 없애려면 '방패수(傍牌手)진언'을 외우라.

모든 때와 장소에서53) 관료들에 의해 핍박받음을 잘[好]54) 여의려면 '부월수(斧鉞手)55)진언'을 외우라.

방패수(傍牌手)진언　　　부월수(斧鉞手)진언

옴, 약삼, 나 나야, 젼나라, 다　옴, 미라야, 미라야, 사바하
노, 발야 바샤 바샤, 사바하

남녀[56] 하인을 거느리고자 하면 '옥환수(玉環手)진언'을 외우라.

갖가지 공덕을 성취코자 하면 '백련화수(白蓮華手)진언'을 외우라.

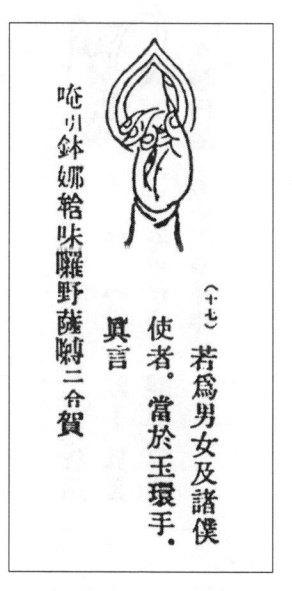

옥환수(玉環手)진언

백련화수(白蓮華手)진언

옴, 바나맘, 미라야, 사바하

옴, 바아라, 미라야, 사바하

시방의 정토에 왕생함을 얻고자 하면57) '청련화수(淸蓮華手)진언'을 외우라.

대지혜를 얻고자 하면58) '보경수(寶鏡手)진언'을 외우라.

청련화수(淸蓮華手)진언

옴, 기리기리, 바아라, 불반다, 훔 바탁

보경수(寶鏡手)진언

옴, 미쪼라 나, 락사, 바아라 만다라, 훔, 바탁

시방 일체[59] 제불을 친견코자 하면 '자련화수(紫蓮華手)진언'을 외우라.

땅 속에 숨겨진 것을 구하고자 하면[60] '보협수(寶篋手)진언'을 외우라.

자련화수(紫蓮華手)진언

옴 사라 사라, 바아라, 가라, 훔 바탁

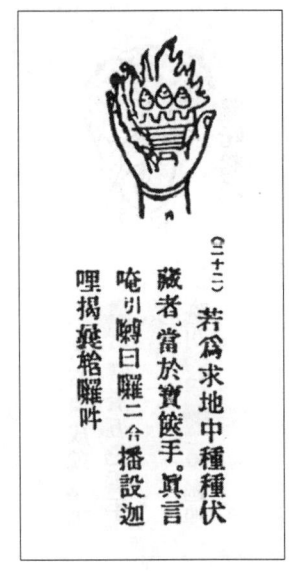

보협수(寶篋手)진언

옴 바아라, 바샤가리, 아나, 맘라 훔

신선도〔仙道〕를 위하는 자는[61] '오색운수(五色雲手)진언'을 외우라.

범천에 태어나고자 하는 자는[62] '군지수(軍遲手)[63]진언'을 외우라.

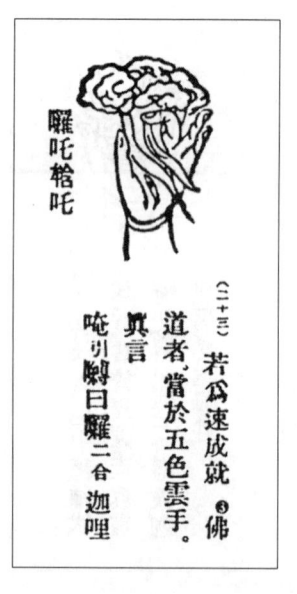 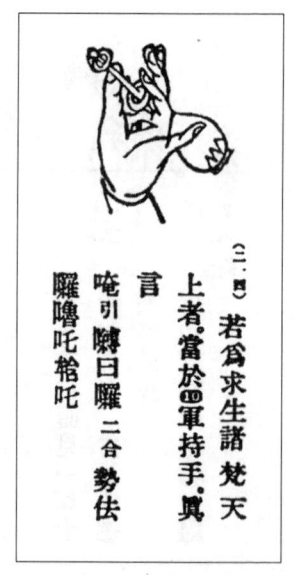

오색운수(五色雲手)진언   군지수(君遲手)진언

옴 바아라, 가리, 라라, 맘타   옴 바아라, 셔카, 로라 맘타 모든 하늘 궁전에 왕생〔往生〕64)코자 하면 '홍련화수(紅蓮華手)진언'을 외우라.

타방의 역적을65) 물리쳐 없애려면 '보극수(寶戟手)진언'을 외우라.

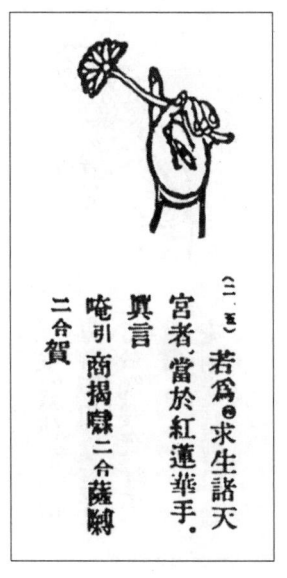 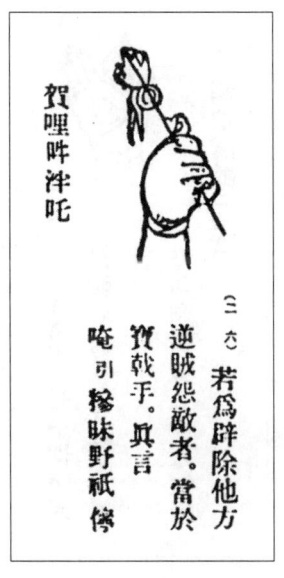

홍련화수(紅蓮華手)진언

옴, 샹아례, 사바하

보극수(寶戟手)진언

옴, 삼매야, 기니하리, 훔, 바탁

일체 모든 천신과 선신들을 부르고자[召呼]66) 하면 '보라수(寶螺手)진언'을 외우라.

일체 귀신들을 부리고자67) 하면 '촉루장수(髑髏杖手)68)진언'을 외우라.

보라수(寶螺手)진언

옴, 샹아례, 마하, 삼만염, 사바하

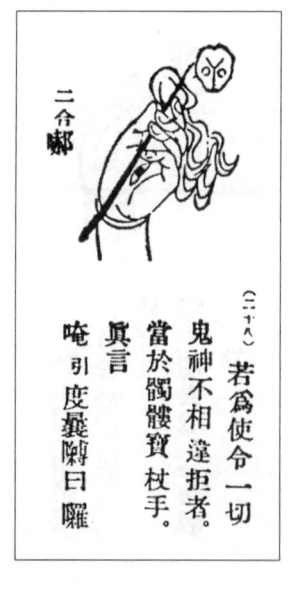

촉루장수(髑髏杖手)진언

옴, 도나 바아라, 혹

시방의 부처님께서 속히 오셔 도움을 주기를 구하는 자는 '수주수(數珠手)진언'을 외우라.

일체 미묘한 범음(梵音)의 소리를 얻고자 하면 '보탁수(寶鐸手)진언'을 외우라.

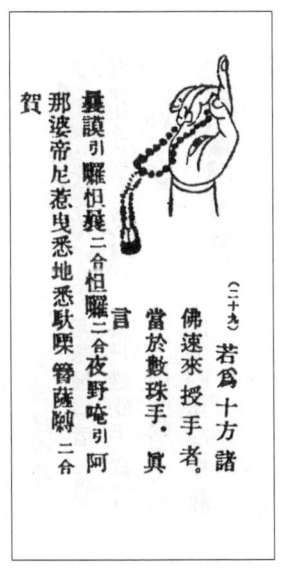

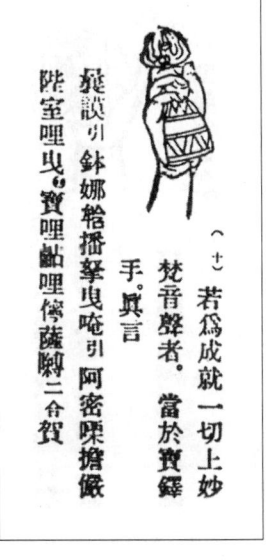

수주수(數珠手)진언

나모라, 다나다라, 야야, 옴, 아나바데, 미아예, 시디, 싯딜제, 사바하

보탁수(寶鐸手)진언

나모, 바나맘, 바나예, 옴, 아마리, 담아베, 시리예, 시리람리니, 사바하

구변(口辯)이 뛰어나고자 하면[69] '보인수(寶印手)진언'을 외우라.

선신과 용왕이 와서 항상 옹호하기를 원하면 '구시철구수(俱尸鐵鉤手)진언'을 외우라.

보인수(寶印手)진언

옴 바아라, 녜담, 아예, 사바하

구시철구수(俱尸鐵鉤手)진언

옴, 아가로, 다라가라, 미사예, 나모, 사바하

자비로 일체 중생을 감싸고 보호하려면 '석장수(錫杖手)진언'을 외우라.

일체 중생(衆生)70)이 항상 서로 공경하고 사랑하는 마음을 갖게 하고자 하면 '합장수(合掌手)진언'을 외우라.

석장수(錫杖手)진언

옴, 날디 날디, 날타바디, 날제, 나야바니 훔 바탁

합장수(合掌手)진언

옴, 바나만, 아링, 하리

태어나는 모든 중생들이〔生生之衆〕71) 부처님 곁을 떠나지 않기를 구하는 자는 '화불수(化佛手)진언'을 외우라.

세세생생 부처님 궁전에 머물러 태(胎)의 몸을 받지 않고자 하는 자는 '화궁전수(化宮殿手)진언'을 외우라.

화불수(化佛手)진언

옴, 젼나라, 바맘타 리, 가리 나기리, 나기리니, 훔 바탁

화궁전수(化宮殿手)진언

옴, 미사라, 미사라, 훔 바탁

72) 많이 듣고 널리 배우고자73) 하면 '보경수(寶經手)진언'을 외우라.

금생으로부터 부처의 몸을 이룰 때까지 항상 보리심에서 물러나지 않고자 하면 '불퇴금륜수(不退金輪手)74)진언'을 외우라.

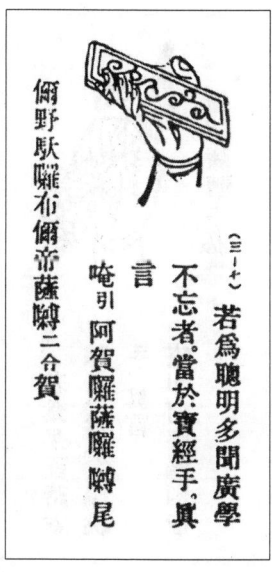

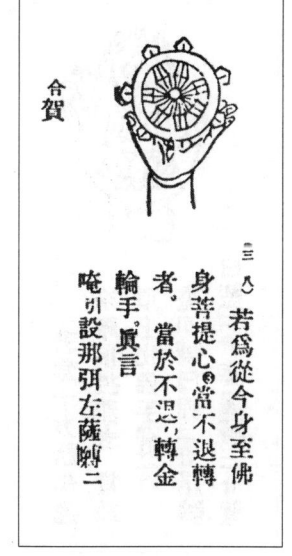

보경수(寶經手)진언

불퇴금륜수(不退金輪手)진언

옴, 아하라, 살바미냐, 다라, 보니졔, 사바하

옴, 셔나미자, 사바하

시방제불께서 속히 오셔 이마를 만지고 성불할 기별을 받고자 하면 '정상화불수(頂上化佛手)진언'을 외우라.

과일과 채소, 온갖 곡식을 풍성히 거두고자 하면 '포도수(蒲萄手)[75]진언'을 외우라.[76]

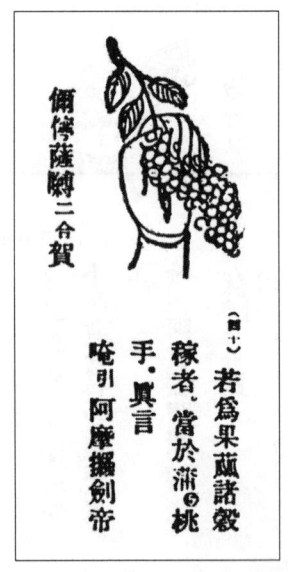

정상화불수(頂上化佛手)진언   포도수(蒲萄手)진언

옴 바아리니, 바아람에, 사바하

옴, 아마라, 검 제 니니, 사바하

이와 같이 가히 구하는 법에 따라 수천 가지의 진언이 있으나, 여기서는 간략하게 몇 가지만 말할 뿐이니라."

그때 일광(日光)보살이 '대비심다라니'를 받아 지니는 자를 옹호하기 위한 다음과 같은 대신주(大神呪)를 설하셨습니다.

"나무(南無) 몯[77]타구(勃陀瞿: 上聲으로 읽을 것)나(那: 上聲으로 읽을 것)미(迷)[1]

나무(南無) 달마막가저(達摩莫訶低)[2]

나무(南無) 승가다야니(僧伽多夜泥)[3]

저(低: 물방울 떨어지듯 끊어서 읽을 것)리부필살(哩部畢薩: 승려가 죽음에 이르듯 끊어서 읽을 것)돌(咄: 등불이 꺼지듯 끊어서 읽을 것)담납마(檐納摩)"

그리고 말씀하시기를,

"이 주문을 독송하면 일체의 죄를 멸할 수 있을 뿐 아니라, 악마를 물리치고 하늘의 재앙을 제거할 수 있을 것이다. 만약 이 주문 1번을 독송하고 부처님께 1배(拜)의 예를 올리되, 이와 같이 하루 세 번씩을 행하게 되면 이후 세상에 몸을 받게 될 때 단정한 용모와 더불어 좋은 과보를 얻게 되리라."

이에 월광(月光)보살 역시 대비심다라니를 받아 지녀 수행하는 이들을 옹호하기 위한 다음과 같은 다라니 주문을 설하셨습니다.

"심저제도소타(深低帝屠蘇吒)[1]
아약밀제오도타(阿若蜜帝烏都吒)[2]
심기타(深耆吒)[3]
파뢰제(波賴帝)[4]
야미약타오도타(耶彌若吒烏都吒)[5]
구라제타기마타(拘羅帝吒耆摩吒)[6]
사바하(沙婆訶)"

그리고 말씀하시기를,

"이 주문을 5번 외운 다음 5색 끈으로 줄을 만들어 몸의 통증이 있는 곳에 걸라. 내가 설한 이 주문은 과거 항하사(恒河沙) 모든 부처님들께서 말씀하신 것으로 다라니를 수행하는 모든 자들을 옹호하기 위하여, 그리고 그들의 일체 어려움을 없애고 나쁜 병의 통증을 제거하며, 모든 선법(善法)을 성취케 함으로써 모든 두려움에서 벗어나게끔 하는 데 그 까닭이 있는 것이다."

이때 부처님께서 또다시 저(아난)에게 이르시기를,

"너는 마땅히 깊은 마음으로 청정하게 이 다라니를 받아 지니고 널리 염부제(閻浮提)에 유포하여 끊임없이 하라. 이 다라니는 능히 3계의 중생들에게 큰 이익이 되느니라. 이 다라니는 치병의 효과가 있어 일체 병의 고통에서 몸을 성하게 해줄 것이고, 마른나무에도 가지와 줄기·꽃과 과일을 맺게 할 수 있을 것인 즉, 하물며 생명이 깃들고 의식이 있는 중생들에게야 더 이상 말할 것이 있겠느냐. 몸에 병 있는 자가 이로 인해 치유되지 않음은 생각할 수조차 없을 것이다.

이렇듯 선남자여, 이 다라니의 위신력은 불가사의한 것이어서 우리의 사념으로는 도저히 생각할 수 없는 것이니라.

이에 과거 구원겁으로부터 내려오면서 널리 선근을 심지 않은 사람이면 이 다라니의 이름도 듣기 어렵거든, 하물며 다라니를 들을 수 있겠느냐. 그러므로 너희 대중들과 천인(天人)들, 용(龍)과 신(神)들은 내가 이 다라니를 찬탄하는 말을 듣고 모두 마땅히 기뻐해야 할 것이니라.

 만약 이 다라니를 비방하는 자가 있으면 그는 곧 99억 항하사 모든 부처님을 비방하는 것이며, 이 다라니에 의심을 내어 믿지 않는 자가 있으면, 마땅히 알라. 그는 길이 큰 이익을 잃고 백천만 겁 중 항상 악취에 윤회하여 빠져 나오지 못할 뿐 아니라, 부처님을 뵙지 못하고 부처님 법 또한 듣지 못하며 스님들을 만나볼 수도 없을 것이다."

 이때에 회중(會中)에 모인 모든 대중과 보살마하살, 금강밀적과 범천, 제석천과 사천왕・용・귀신 등은 부처님 여래께서 이 다라니를 찬탄하심을 듣고 모두 다 환희하였고, 그 가르침을 받들어 수행하였습니다.

주(註)

1) 『천수천안 관세음보살 광대원만 무애대비심 다라니경』의 저본(低本) : 이 경을 번역하는데 저본이 된 것은 가범달마(伽梵達磨)가 번역한「천수천안관세음보살광대원만무애대비심다라니경(千手千眼觀世音菩薩廣大圓滿無礙大悲心陀羅尼經, 大正藏 20, no. 1060)」이다. 그런데 대장경 안에는 이와 유사한 경전으로서 불공(不空)이 번역한「천수천안관세음보살대비심다라니(千手千眼觀世音菩薩大悲心陀羅尼, 大正藏 20, no.1064)」이 실려 있는데, 이 둘은 애초 같은 저본에 의해 형성되었던 것으로 보인다.

그러므로 이 두 경전은 (추가 및 삭제 부분을 제외하고는) 한역 경전(漢譯經典)의 번역 문구에 있어 상당한 일치를 보이고 있는 바, 역자(譯者)는 가범달마 역본의『천수천안관세음보살광대원만무애대비심다라니경』을 번역하는데 불공 역본의 경전 내용을 참조하기도 하였다. 그럼에도 두 역본 사이에 글자가 달리 쓰였다거나, 삽입 및 삭제되어진 부분에 대해서는 주(註)를 달아 이를 표시해 두었다.
2) 진언(眞言)과 다라니(陀羅尼) : 진언(眞言)이란 산스크리트어 mantra의 번역어로서, 만달라(曼怛羅)라 음역(音譯)되기도 한다. 불교에서 인식하는 바 '진언(眞言; mantra)'이란 불(佛)·보살(菩薩) 및 하늘천신들의 서원(誓願)이거나 그들이 갖고 있는 덕성(德性) 내지 별명, 그 가르침의 깊은 의미를 포함하고 있는 비밀스런 어구(語句)를 말한다. 원래는 희·노·애·락 등에 의해 생겨난 감탄사, 즉 '말(言) 이전의 표현이거나 언어 이전의 문자' 등을 가리키는 말로서, 발음 자체 속에 깃들어 있다고 생각되는 신비한 힘에 대한 신앙에서 유래된 것으로 보인다.

'말 이전의 표현이거나 언어 이전의 문자'. 이러한 의미에서 우리는 이것을 '참된 말', 즉 '진언(眞言)'이라 부르게 되는 바, 진언이란 인간 언어의 중재를 거치지 않고 직접 진리를 표출해 내거나, 직접적으로 진리에 화합하는 성질을 가진 것으로서 이해되기도 한다. 또한 이것은 진리뿐만이 아닌 신성스런 힘과의 '직접적 만남'을 가능케 하는 어구이기도 하다. 즉 진언의 많은 부분이 신(神)들의 덕성이나 그 별명을 드러내고 있는 까닭에 (우리가 외우고 있는 『천수경』의 「신묘장구대다라니」는 대부분이 관자재보살의 별명과 그 덕성을 찬탄하고 있는 것이다), 이 진언을 외운다 함은 만유의 공간 속에 머물고 있는 신들을 우리 주변에 이끌어들이는 일종의 호출부호를 발사시키는 역할을 함과도 동일하게 생각할 수 있기도 한다.

이렇듯 '언어 이전의 문자'거나 신성스런 힘과의 직접적 만남을 가능케 해주는 진언. 또한 일반적으로 진언이란 까마귀 내지 참새 등등의 울음소리와 같은 '의성어(擬聲語)나 의태어(擬態語)', '간단한 동사의 명령형' 또는 '간단한 기도문' 내지 '초월자의 별명에 대한 수식어' 등이 주종을 이루고 있기도 하다.

그리고 다라니(Dharani)는 그 자체에 '기억한다·간직한다'는 뜻을 가지는 바, 그 안에는 많은 경전의 내용이나 한 인물의 행적 등에 대한 개요가 담겨져 있어서, 그 단어 하나를 외움으로써 그 인물 내지 인물이 행한 행적에 대한 회상작업을 가능할 수 있게 만들어진 어구라 말할 수 있다. 우리가 어떤 사람의 별명을 부를 때, 그 별명을 통해 그 사람에 대한 총체적 삶의 모습과 그 사람과의 관계성의 회상을 통해 그를 투사해 볼 수 있는 것처럼.

이렇듯 다라니·진언 안에는 수많은 상징적 의미가 담겨져 있는 까닭에 중국·한국·일본 등지에서는 이를 번역하지 않고 음역(音譯)하여 사용함을 원칙으로 삼았는데, 이는 중국의 역경사 현장(玄奘)스님의 '오종불번(五種不翻)의 원칙'에서 비롯되어진 것이라 하겠다. 여기서 '오종불번'이라 함은 '다섯 가지의 번역하지 않는 것'을 말하는 것으로, 이에 다섯 가지 번역하지 않는 것을 들어 보면 다음과 같다.

① 다라니, 즉 진언(眞言)과 같이 그 안에 비밀한 뜻이 내포되어 있는 것.

② 박가범(婆伽梵; 흔히 붇다·세존의 번역어로 쓰인다)과 같이 많은 의미를 포함하고 있는 것.

③ 염부수(閻浮樹)와 같이 인도에는 있되 중국에는 존재하지 않는 것.

④ 아뇩다라삼먁삼보리(阿耨多羅三藐三菩提)와 같이 이전의 역자(譯者)가 음역(音譯)해 사용하여 일반적으로 그 의미가 두루 알려져 있는 것.

⑤ 반야(般若)와 같이, 지혜(智慧)라고 번역하면 경박하기 때문에 그 존중의 의미를 잃지 않기 위해 번역하지 않는 것 등.

여하튼 이러한 원칙에 의해 진언(眞言)은 번역하지 않고 음역(音譯)하여 쓰게 되는 바, 일반적으로 진언 가운데 긴 것을 다라니(陀羅尼; dharani)라 부르며 혹 진언과 다라니를 합해 '명주(明呪; vidya)'라 표현하기도 한다. 또한 '옴(om)'자와 같이 한두 글자로 이루어진 진언은 '종자(種子)'라 부르기도 하여 진언 자체에 여러 구분을 두고 있기도 하는 바, 이 종자(種子) 안에는 초월적 인물에 대한 특성 및 업적, 내지 종교·철학의 상징성 등이 한 문자로써 표현되는 것이 통례이다.

진언 및 다라니의 효용성을 우리는 고대 인도 및 원시불교 시대에 널리 사용되었던 진실어(眞實語)의 사용 등에서 그 예를 찾아볼 수 있다. 이에 우리는 몇몇 경전들(『앙굴마라경』 내지 『쟈타카』·『마하바스투』·『밀린다팡하』) 안에서 '진실어(眞實語)'라 불리우는 특유의 표현법을 만날 수도 있는데, 이것은 진실

자체에 내재한 힘에 의해 실현 불가능한 일이 성취된다고 생각하는 관념을 말한다.

이러한 한 예를 들어 보인다면, 옛날 얀나닷타라 불리우는 아이가 독사에게 물려 쓰러지게 되었다. 양친은 외도 수행자를 청해서 다음과 같이 말한다. '당신은 출가한 사람이니 이 소년에게 자비를 베풀어 진실어(眞實語)를 말씀해 주십시오.' 그러자 수행자는 그 청을 승락하고 손을 소년의 머리에 얹고 "나는 일곱날 동안을 마음을 깨끗이 하고 복덕을 구하여 범행을 닦았습니다. 이 근래 54년 세월을 아무런 욕망없이 유랑하고 있습니다. 이 진실에 의해 건강을 되찾고 얀나닷타여, 살아나거라" 하고 말하자, 소년의 가슴에서 독이 빠져 나와 생명을 건지게 되었다는 것이다.

이렇듯 (삶의) 진실을 바탕으로 행해진 말에는 무한한 힘이 깃들게 된다는 것. 그리고 진실을 바탕으로 행해진 말 속에서 신비한 세계와의 접촉을 시도코자 하는 것. 그럼에도 우리가 외우는 진언 및 다라니 등은 내 자신 행(行)의 진실이 아닌, 과거 수많은 성현들의 진실된 행위에 의지해 내 자신의 기원을 성취코자 하는 데 그 뜻이 있지 않은가 하고 개인적으로 생각되기도 한다.

3) 삼천대천세계 : 수미산을 중심으로 한 전체 우주세계를 '소세계(小世界)'라 하고, 이 하나의 소세계를 천 개 모아 '소천세계(小天世界)'라고 말한다. 또한 이 '소천세계'를 천 개 모아 '중천세

계(中天世界)'라 하며, '중천세계'가 천 개 모여서 '대천세계(大天世界)'가 이루어지는 바, 대·중·소 3종의 천(千)의 세계가 모여 있으므로 '3천(三千)세계'라 한다. 즉 숫자적 3,000이 아닌 1,000의 3승의 숫자에 해당하는 세계를 말하기에 '삼천대천세계'라 하는 것이다.

4) 말세(末世) 또는 후오백세(後五百歲) : 대승경전의 많은 곳에 '말세(末世)' 혹은 '후(後) 500세'라는 표현이 등장하고 있음을 본다. 곧 '후 500세에 정법(正法)이 멸망한다'는 내용을 우리에게 전하고 있는 바, 이것은 이전의 500년에 대한 후의 500년을 일컫는 말이라 할 것이다.

율장(律藏) 「비구니건도(比丘尼犍度)」에 의할 것 같으면 부처님 정법(正法)은 불멸(佛滅) 후 1,000년간 지속될 것이었으나 여성 출가의 허락으로 말미암아 500년이 줄었다고 말하고 있다. 이에 많은 대승경전에서는 정법이 멸하려 할 때 부처님 법을 수호하지 않으면 안 되며, 불멸 500년경에 생겨난 대부분의 대승경전은 이 대승의 불법이야말로 멸해 가는 정법을 다시금 일으킬 수 있는 「호법경전(護法經典)」임을 강조하고 있기도 하다.

현재 알려진 바 부처님 입멸 시기를 B.C 484년으로 추정한다면 정법기간 500년은 1세기경에 그 막을 내리며, 불멸(佛滅)을 B.C 386년으로 계산한다면 정법기간 500년은 2세기경에 이르러 그 막을 내리는 것으로 이해될 수 있다.

여하튼 이렇듯 부처님 법이 멸해 가고 있다는 위기의식 속에 많은 대승경전들은 말법(末法) 중생들을 위한 구원행(救援行)을 전하고 있으므로, 우리는 경전에 등장하는 '말세' 혹은 '후 500세'라는 어구를 통해 그 경전이 어느 시기에 만들어졌는지 추측해 볼 수도 있다.

즉 B.C 1세기경에 성립된 초기 대승경전인 『방광반야경』 및 『도행반야경』 등에는 이 말이 쓰여 있지 않은데 반해, 기원 전후에 성립된 것으로 알려진 『소품반야경』 및 『대반야경』 등에 이 표현이 등장하고 있는 까닭에, 이 말의 삽입 여부를 통해 우리는 경전 성립 시기를 추정해 볼 수 있는 근거를 마련할 수 있게 되는 것이다.

이에 의한다면 가범달마 역본의 「천수경」 역시 기원 전후 경 또는 그 이후에 만들어진 것이라는 폭넓은 추정을 할 수 있다. 가범달마 역본 「천수경」 안에는 위의 '말세'라는 표현 외에도 "삼천대천세계 안의 산하(山河)와 돌로 만든 벽 내지 네 바닷물이 능히 끓어오르고, 수미산과 철위산이 요동하거나 티끌같이 부서져버린다 해도"라거나 "삼재(三災)와 악겁(惡劫)" 등과 같은 '말세'와 관련된 표현이 등장하고 있음을 볼 수 있다.

5) 계수문(稽首文)의 삽입 : 가범달마 역본과는 달리 불공이 번역한 『천수천안관세음보살대비심다라니』에는 앞까지의 내용이 실려 있지 않다. 대신 가범달마 역본 중 '나무대비관세음(南無大悲觀世音)' 이하의 내용 앞에, 아래의 게송이 실려 있다.

계수관음대비주 원력홍심상호신　稽首觀音大悲主 願力洪深相好身

천비장엄보호지	천안광명변관조	千臂莊嚴普護持	千眼光明遍觀照
진실어중선밀어	무위심내기비심	眞實語中宣密語	無爲心內起悲心
속령만족제희구	영사멸제제죄업	速令滿足諸希求	永使滅除諸罪業
룡천중성동자호	백천삼매돈훈수	龍天衆聖同慈護	百千三昧頓熏修
수지신시광명당	수지심시신통장	受持身是光明幢	受持心是神通藏
세척진로원제해	초중보리방편문	洗滌塵勞願濟海	超證菩提方便門
아금칭송서귀의	소원종심실원만	我今稱誦誓歸依	所願從心悉圓滿

크나큰 슬픔의 위로처[主]이신 관세음보살께 머리 숙입니다.

넓고도 깊은 원력과 상호(相好) 또한 원만하시어

천 개의 팔로써 스스로를 나타내신 채 널리 중생들을 보호하시고

천 개 눈의 광명으로는 두루 세상을 비춰 보시니 …

진실한 말 가운데 밀어(密語: 다라니)를 펼쳐 보이셔

함이 없는 마음 가운데 중생을 위한 슬픔의 마음 일으키셨네.

그리하여 중생들의 모든 바라고 구하는 바를 속히 만족시키어

하여금 길이 모든 죄업을 멸해 없애 주시었네.

용과 천신들, 수많은 성현들이 함께 애련히 돌보시어

온갖 삼매를 몰록 닦아 나가게 하시나이다.

다라니를 받아 지니는 이 몸이 광명의 깃발이 되며

다라니를 받아 지니는 이 마음이 신통의 창고가 되어지니

티끌 세상의 괴로움 씻어버리고 괴로움의 바다 건너가

깨달음에 이르는 방편의 문을 뛰어 증득케 하여지이다.
내 지금 관세음보살을 칭송하며 맹세코 귀의하노니
원하는 바 마음을 좇아 모두가 원만케 되어지이다.
6) 불공(不空) 역본(譯本)에는 '折'字 대신에 '打'字가 쓰여지나, 번역에는 별 무리가 없다.
7) 불공(不空) 역본에는 다음에 이와 같은 구절이 첨가되어 있다.
"南無阿彌陀如來 南無觀世音菩薩摩訶薩."
8) 가범달마 역본에는 '佛上'이라 표기되나 불공 역본에는 '佛土'라 표기되어 있다. 불공 역본에 의거해 번역하면 이 부분은 "불국토"라고 해야 할 것이다.

부처님들의 세계〔佛土〕

우리 범부·중생들이 거주하는 현실세계를 '예토(穢土)'라 하는 반면, 부처님들이 머무시는 땅을 '정토(淨土)' 또는 '불국토'라고 불러 말한다. 소승불교의 한 계파였던 '설일체유부'에서는 석가모니불께서 탄생하신 이곳 사바세계 및 그후 불신(佛身)이 응신(應身)·화신(化身)으로서 진리의 몸을 드러내게 될 땅 모두를 '정토'로 생각키도 하였는 바, 그곳 정토들에 대해서는 '응불토(應佛土)' 또는 '방편화신토(方便化身土)'라는 용어를 부여하기도 하였다.

이후 대승불교의 홍기에 따른 '방위불(方位佛)' 및 '시방불(十方佛)'의 개념이 정립되기에 이르자 부처님 세계에 대한 풍부한 설명이 잇따르게 되었다. 그러므로 우리는 방위 내지 특정 거처에 머물고 계신 여러 부처님들의 이름을 접할 수 있게 되는 바, 이에 각 경전들에 설명되고 있는 부처님들의 거처에 대한 간략한 도표를 만들어 보기로 한다.(다음 도표는 『칭찬정토불섭수경(稱讚淨土佛攝受經)』 및 『십주비파사론(十住毘婆沙論)』의 내용을 참고하여 도표화한 것이다. 물론 이외에도 『관불삼매경(觀佛三昧經)』 내지 『보살장경(菩薩藏經)』, 『보월동자문법경(寶月童子問法經)』·『대보적경(大寶積經)』 등에 역시 같은 내용들이 설명되어져 있으나, 간략한다.)

	「십주비바사론」	「칭찬정토불섭수경」
동방	부동여래(不動如來) 무우세계(無優世界)	부동여래(不動如來)
남방	전단덕여래(栴檀德如來) 환희세계(歡喜世界)	일월광여래(日月光如來)
서방	무량명여래(無量明如來) 선세계(善世界)	무량수여래(無量壽如來)
북방	상덕여래(相德如來) 불가동세계(不可動世界)	무량광엄통달각혜여래 (無量光嚴通達覺慧如來)
동남방	무우덕여래(無優德如來) 월명세계(月明世界)	최상광대운뢰음왕여래 (最上廣大雲雷音王如來)
서남방	보시여래(寶施如來) 중상세계(衆相世界)	최상일광명칭공덕여래 (最上日光名稱功德如來)
서북방	화덕여래(華德如來) 중음세계(衆音世界)	무량공덕화왕광명여래 (無量功德火王光明如來)
동북방	삼승행여래(三乘行如來) 안온세계(安穩世界)	무수백천구지광혜여래 (無數百千俱胝廣慧如來)
하방	명덕여래(明德如來) 광대세계(廣大世界)	一切妙法正理常放火王勝 德光明如來
상방	광중덕여래(廣衆德如來) 중월세계(衆月世界)	범음여래(梵音如來)

이제 이 중에서 우리는 '만다라의 세계'에 등장하는 다섯 부처님들의 세계, 즉 동·서·남·북·중앙의 '5방위불(五方位佛)'에 대한 이해와 함께 그 부처님들의 국토에 대한 좀더 세밀한 서술을 행해 보기로 하자.

'금강계(金剛界) 만다라'에 의하면 중앙 및 동·서·남·북의 각각 방위에 중앙으로부터 비로자나불·아촉불·아미타불·보생여래·불공성취여래 등이 배열되는 바('태장계(胎藏界) 만다라'에서는 대일여래·보당여래·무량수여래·개수화왕여래·천고뢰음여래 등 5분의 부처님이 등장한다.), 그 각각의 부처님들은 우주 구성의 5대 요소인 지(地)·공(空)·풍(風)·화(火)·수(水)의 '5대(五大)'를 상징하고 있기도 하다.

① 연화상세계(蓮華藏世界), 비로자나 부처님의 국토

여기서 중앙의 비로자나(毘盧遮那, Vairocana) 부처님은 '연화장세계'에 그 거처를 마련해 갖고 계신다고 한다. 연화장세계라 함은 비로자나 부처님의 과거 수행에 의해 깨끗이 꾸며진 세계로서, 시방〔十方〕의 모든 부처님들께서 교화를 행하는 경계를 뜻한다고도 말한다. 한편 신역 『화엄경』 8권 「화장세계품」 또는 『범망경』·『섭대승론석』·『화엄5교장』 등의 설명에 의할 것 같으면 '연화장세계'는 '풍륜' 및 '향수해' 그리고 그 위의 '큰 연꽃'으로 구성되어 있는 바, 그 연꽃 안에 무수한 세계를 포함하고 있다고 한다.

다시 말해 미진수의 세계가 20중으로 중첩하는 중앙세계를 중심으로 111개의 세계가 그물같이 둘러쳐 세계망(網)을 형성하고, 그곳은 각각의 보석으로 꾸며져 부처님께서 거기에 출현하시는 바, 중생들이 그 가운데 충만한 광대무변의 세계가 펼쳐지게 된다는 것이다. 그리고 그 광대하고 끝없는 세계를 비유하여 우리는 '연화장세계해(蓮華藏世界海)'라 표현하기도 한다.

② 동방 묘희국(妙喜國), 아촉불(阿閦佛)의 국토

한편 동방 아촉불(Akṣobhya)의 국토를 우리는 '묘희국'이라 말하기도 한다. 이곳 묘희국에 대해서는 『아촉불국경(阿閦佛國經)』 및 『법화경(法華經)』의 「화성유품」, 『유마경(維摩經)』 「견아촉불국품」 등에 그 설명이 되어 있는데, 『유마경』 「견아촉불국품」은 다음과 같은 이야기를 전하고 있다.

즉 동방 1천의 불국토를 지나 '아비라제국(阿比羅提國, Abhirati)'이라는 나라가 있었는데, 그곳에 대일여래(大日如來)께서 주불(主佛)로 계셨다는 것이다. 그런데 한때 대일여래께서 모든 보살들에게 '6도무극(六度無極)의 행(行)'을 설하심을 듣고 아촉불은 '무진에(無瞋恚)의 원(願)'을 발하였던 바, 오랜 수행을 완성한 끝에 7보수(七寶樹) 아래에서 부처를 이루어 중생들에게 설법을 하고 계시다는 것이다.

이에 우리는 아촉불께서 머무시는 국토를 선쾌(善快)·환희(歡喜)·묘락(妙樂)국이라 달리 말하기도 하는 바, 『아촉불국경』에 의할 것 같으면, 이곳 정토에 태어나고자 하면 6도(六度), 즉 '6바라밀'의 행과 더불어 마음에 크나큰 원을 발해야 한다고 말한다.

③ 서방 극락세계(極樂世界), 아미타불(阿彌陀佛)의 국토

우리가 살고 있는 사바세계에서 서쪽으로 10만억 불국토를 지나면 하나의 이상세계가 펼쳐지니, 그 이름을 서방 '극락세계(sukhāvatī)'라고 말한다. 그곳은 아미타불(Amitābha)의 국토로서, 『무량수경(無量壽經)』 상권에는 다음과 같은 이야기를 전하고 있다.

즉 과거 과거겁(過去劫)의 53번째 부처님에 해당하는 '세자재왕불(世自在王佛, Lokeśvararaja)'께서 출현하여 행하는 설법처에 기쁜 마음을 가지고 출가한 한 왕이 있었으니, 그 이름을 '법장(法藏, Dharmākala)'이라 하였다. 그때 그는 세자재왕불 앞에서 자기와 남들이 함께 성불하기를 기원한 채, 오랜 수행을 거듭하여 부처가 되었으니 그 이름을 아미타불이라 하였다는 것이다.

한편 그는 수행에 앞서 48가지의 큰 서원(誓願)을 세웠는데, 오랜 수행 끝에 자신 서원을 이루어 하나의 세계를 이룩하였으니 그 이름을 '극락세계'라 칭하게 되었던 것이다. 극락(極樂, sukhāvatī)이란 안양(安養) 또는 안락(安樂)이라 번역하기도 하는데, 아미타불께서 항상 머물러 법을 설하시며, 모든 일이 구족하여 즐거움만 있는 자유롭고 안락한 이상향을 말한다.

이외에도 우리는 보생여래(寶生如來, Ratna-saṃbhava)께서 머물고 계시는 남방 '환희세계(歡喜世界)' 및 불공성취여래(不空

成就如來, Amogha-siddhi)의 국토로서 북방 '무우세계(無憂世界)' 등 수많은 부처님들의 국토를 들 수 있기도 하다.

이제 그 중 우리에게 좀 더 친근히 여겨지는 석가모니불 및 몇몇 보살들의 국토를 여기 소개해 본다면 다음과 같다. 즉 남방화주(南方化主) 지장보살(地藏菩薩)의 세계, 북방 환희세계의 부처님으로 계시는 문수보살(文殊菩薩), 환희장마니보적불(歡喜藏摩尼寶積佛)의 세계 등과 함께 약사여래(藥師如來)께서 머무시는 동방 '만월세계(滿月世界)', 석가모니 부처님께서 머무시는 서방 '무승세계(無勝世界)' 등.

이제 이들 중 '무승세계' 내지 '만월세계'에 대한 사항만을 간략히 부가한다면 다음과 같다.

④ 서방 무승세계(無勝世界), 석가모니 부처님의 국토

우리가 살고 있는 사바세계에서 서쪽으로 42억 항하사 불국토를 지나 석가모니 부처님의 '무승세계'가 있다고 이야기된다. 그 무승세계에 대한 이야기를 전하고 있는 『열반경』 24에 의할 것 같으면 "그 국토를 무승(無勝)이라 하는 이유는, 그 땅은 평등하고 장엄하며 서방의 안락(安樂)세계와 같고, 또한 만월(滿月)세계와 같기도 하다"는 기록을 전하고 있다. 또한 석가모니 부처님께서는 "내 저 땅에서 중생을 교화하였고, 이 염부제 가운데서 현재도 법륜을 전한다"는 말씀을 하고 계시기도 하다.

5) 동방 만월세계(滿月世界), 약사여래(藥師如來)의 국토

동방 '만월세계'는 약사여래(Bhaiṣajyaguru-vaiḍūrya)의 국토

로서, 그 국토가 유리와 같은 칠보로 꾸며져 있는 까닭에 동방 '정유리세계(淨琉璃世界)'라 표현하며, 그곳에 머물고 계시는 약사여래를 달리 약사유리광불(藥師琉璃光佛)이라 부르고 있다.

　　동방 만월세계는 약사여래께서 12대원을 세워, 일체 중생의 질병을 치료하여 무명의 고질까지도 치료할 것을 서원한 가운데 생겨난 동방의 불국토로, 이곳에 머무시는 약사여래를 달리 동방교주(東方敎主)라 부르기도 한다.

9) 불공(不空) 역본(譯本)에는 '神'字 대신 '心'字가 쓰여지고 있다. 가범달마 역본에서는 '大悲心呪'와 '大悲神呪'가 여러 곳에서 혼용되고 있다.

　　대정장(大正藏) 20, No.1060. p.107. 上. 10행 및 20행, 29행을 비교해 볼 것.

10) 불공 역본에는 '名'字가 포함되어 있다. 그러므로 '名'字를 포함시켜 번역하면 "대비심 다라니라 '이름'하지"가 될 것이다.

11) 이 부분에 대한 가범달마 역본의 본문은 "欲成男子身"으로 되어 있는데 비해, 불공 역본에서는 "欲得成男子者"로 되어 있어 번역상 약간의 차이점을 안겨 준다. 즉 가범달마의 역문에 의한다면 "남자의 몸을 이루기 원하여"라 해야 할 것이지만, 불공의 역문에 의하면 "남자 되기를 얻기 원하는 자가 있어"라 번역해야 할 것이다.

12) 가범달마 역본에는 "不果遂"라 되어 있는데 비해 불공 역본에는 "不得果遂"라 되어 있다. 이를 번역하면 "결과를 이루어 얻

을 수"라고 할 수 있다.

13) 가범달마 역본에는 "縱懺亦不除滅"이라 기록되나, 불공 역본에는 "縱能懺悔亦不除滅"이라 기록되어 있다. 이를 번역하면 "능히 참회를 한다 하여도 (그 죄를) 씻어 멸할 수 없을 것이다"라고 할 수 있다.

14) 불공 역본에는 '師' 대신 '佛'字가 쓰여져 있다.

15) 불공 역본에는 '재(齋)' 대신 '제(齊)'字가 쓰여지고 있다.

16) 가범달마 역본의 본문에는 "一切"라 기록되어 있는 바, 그 후 둘째·셋째 등에서는 "二者, 三者…" 등으로 쓰여 있다. 또한 불공 역본에도 역시 "一者"로 표기되어 있음을 볼 때 "一切"는 판본(版本)에서 잘못 새겨진 것으로 보인다. "一者"로 바꾸어야 할 것 같다.

17) 불공 역본에는 '其' 다음에 '人'字가 삽입되어 있다. 즉 "그 사람이"라 번역된다.

18) 가범달마 역본의 "怨家'讐'對死"에서, 같은 '수(讐)'字이나 不空 譯本에서는 '수(讎)'字로 쓰여 있다.

19) "軍陣"을 불공 역본에서는 "軍陳"이라 표기하고 있다. 번역에 있어서는 큰 차이점이 없다 하겠다.

20) 불공 역본에는 '犴'字 대신 '虎'字로 쓰여져 있다.

21) 불공 역본에는 '蠱'字 대신 '蟲'字가 쓰여 있다.

22) 불공 역본에는 '所'字가 포함되어 있다. 그러므로 불공 역본에 의하면, "해 입은 바 되어〔所害〕"라고 해야 할 것이다.

23) 불공 역본에는 "廣大圓滿無礙大悲心陀羅尼"라 하여 '大'字가 빠져 있다.
24) 다라니(陀羅尼) 본문의 음역(音譯) : 다라니(陀羅尼) 본문의 음역(音譯)에 있어, 가범달마 역본과 불공 역본과는 거의 일치된 점을 보이고 있다. 그럼에도 전체 다라니 음역(音譯) 부분 가운데 34字의 상이함이 발견되며, 이에 대해서는 뒤에 실어 둔 〈부록〉의 〈불공(不空)과 가범달마(伽梵達磨) 역본(譯本)의 다라니 음절(音節) 구분〉을 참조하기 바란다.

한편, 다라니에 대한 한역(漢譯)의 음절 구분에 있어 가범달마 역본에서는 82구(句)의 구분을, 불공 역본에서는 84구의 구분을 행하고 있는 바, 불공 역본에서는 어절 구분 각각에 대한 간략한 주(註)를 달아 놓기도 하였다. 이에 대해서는 본문 가운데 첨자(예: 1 2 등)로서 구분을 행하기로 하겠는 바, 불공 역본에 보이고 있는 어절 구분에 대한 각각의 주(註)에 대해서는 뒤에 실어둔 〈부록〉을 참조 바란다.

한편 다라니 음역에 대한 한글 표기를 행함에 있어서는 1716년에 판각된 「관세음보살영험약초(觀世音菩薩靈驗略抄)」의 본인 소장 목판본(木版本)을 참고하였다. 또한 〈부록〉에 한역(漢譯) 음역(音譯)과 한글 음역의 다라니를 비교해 실어 두었는 바, 한역 음역(音譯)과 한글 음역(音譯)은 각각 상이점이 생겨나 그 구분이 정확하지 않다는 점을 미리 말해 둔다.
25) 다라니(陀羅尼) 본문의 번역(飜譯) : 전체 다라니를 의미상 27

구(句)로 구분하여, 한글 음역(音譯)에 대한 산스크리트어의 로마나이즈(romanize) 표기 및 그에 대한 해석을 해보면 다음과 같다. 이 각각 구절들에 대한 상세한 해설은 역자의 책(정각, 『천수경 연구』, 서울, 운주사, 1996. pp.199-226)을 참조 바란다.

① 나모 라다나 다라야야(Namo ratna trayāya) : 삼보(三寶)께 귀의합니다.

② 나막 알야바로기데새바라야 모지사다바야 마하사다바야 마하가로니가야(namaḥ āryāvalokiteśvarāya bodhisattvāya mahāsattvāya mahākāruṇikāya) : 크나큰 자비(慈悲)의 성관자재(聖觀自在)보살 마하살께 귀의합니다.

③ 옴 살바 바예슈 다라나 가라야 다사명 나막(Oṁ sarva-bhayeṣu trāṇa-karāya tasmai namas) : 아! 모든 두려움 가운데 피난처 되어지는 그에게 귀의합니다.

④ 까리다바 이맘 알야바로기데새바라 다바 니라간타 나막(kṛtvā imam āryāvalokiteśvara-stavaṁ Nīlakaṇṭha-nāma) : 이것을, (즉) '청경(靑頸: 닐라깐타, Nīlakaṇṭha)의 명호(名號)'인 [성관자재(聖觀自在) 찬가(讚歌)]를 기억하면서.

⑤ 하리나야 마발다이샤미 살발타 사다남 슈반 아예염 살바 보다남 바바 말아 미슈다감(hṛdayaṁ vartayiṣyāmi sarvārtha-sādhanaṁ śubhaṁ ajeyaṁ sarva-bhūtānāṁ bhava-mārga-viśodhakam) : 저는 마음을 닦겠습니다. 일체의 이익 성취와 복과 필승과, 일체 중생들의 삶의 길의 청정(이란 마음)을 …

⑥ 다냐타(tadyathā) : 다시 말하건대,

⑦ 옴 아로계 아로가마디 로가디가란데 혜 혜 하례(oṁ āloka e, ālokamati lokātikrānta ehy-ehi Hare) : 아! 관(觀)하여 보는 자(者)시여! 출세간(出世間)의 마음, 세속을 초월한 자시여! 오소서, 오소서 하리(Hari: 觀自在)시여[Hare]!

⑧ 마하모지사다바 사마라 사마라 하리나야(mahābodhi-sattva smara-smara hṛdayam) : (저의) 마음을 기억하소서 기억하소서, 대보살이시여!

⑨ 구로 구로 갈마 사다야 사다야(kuru-kuru karma sādhaya-sādhaya) : 의식(儀式)을 행하소서, 행하소서. (그리하여 저희의) 목표가 달성케 되기를‥‥

⑩ 도로 도로 미연데 마하미연데(dhuru-dhuru vijayanta e mahāvijayanta e) : 수호하소서, 수호하소서! '승리자'시여! '대승리자'시여!

⑪ 다라 다라 다린나례새바라(dhara-dhara dharaṇiṁdhare-śvara) : 지지(支持)하소서, 지지하소서, '능히 대지를 지지하는 신(神)'이시여!

⑫ 자라 자라 마라 미마라아마라 몰뎨(cala-cala malla vima-lāmala-mūrtte) : (이리저리) 움직이소서, 움직이소서, '말라(神)'시여! 부정을 여읜 청정한 '무르떼'시여!

⑬ 예혜 혜 로계새바라 라아 미사 미나샤야 나볘사미사 미나샤야 모하 자라 미사 미 나샤야(ehy-ehi Lokeśvara rāga-viṣaṁ vināśaya dveṣa-viṣaṁ vināśaya moha-jāla-viṣaṁ vināśaya) : 오소서, 오소서, '세자재(世自在)'시여! 탐욕의 독을 파괴하시고, 진에(瞋恚)의 독을 파괴하시고, 치암(癡暗: 어리석음)의 얽혀짐의 독을 파괴하소서!

⑭ 호로호로 마라 호로 하례 바나마나바(huluhulu malla hulu Hare Padmanābha) : 기쁘도다! '말라(神)'시여! 기쁘도다! '하리(Hari: 觀自在)'시여〔Hare〕, '파드마나바'시여!

⑮ 사라사라 시리시리 소로 소로 못댜 못댜 모다야 모다야 (sarasara sirisiri suru-suru buddhyā-buddhyā bodhayabodhaya) : 이리 저리 좌우로 움직이소서, 흐르소서! 비추어 식별함으로서 깨닫게(이룩하게) 하소서!

⑯ 매다리야 니라간타 가마샤 날샤남 바라하라나야 먀낙 사바하(maitriya Nīlakaṇṭha kāmasya darśanena prahlādāya manaḥ svāhā) : 정(情)이 깊은 '청경(青頸: 닐라간타)'이시여! 즐거움(kāma)의 마음을 성찰함으로서, '쁘라흐라다(prahlāda)(神)'께 영광이 있기를!

⑰ 싯다야 사바하 마하싯다야 사바하 싯다유예새바라야 사바하(siddhāya svāhā mahāsiddhāya svāhā siddhayogeśvarāya svāhā) : '성자'께 영광이 있기를! '대성자'께 영광이 있기를! 성자, '요가의 주(主)'께 영광이 있기를!

⑱ 니라간타야 사바하(Nīlakaṇṭhāya svāhā) : '청경(닐라간타)'께 영광이 있기를!

⑲ 바라하목카 싱하목카야 사바하(varāhamukha siṁhamukhāya svāhā) : '멧돼지의 용모, 사자의 용모를 (갖춘) 자'께 영광이 있기를!

⑳ 바나마 하쓰야 사바하(padma-hastāya svāhā) : '연꽃을 손에 쥔 자'께 영광이 있기를!

㉑ 자가라욕다야 사바하(cakrāyudhāya svāhā) : '챠크라(원반 모양의 무기)를 손에 쥔 자'께 영광이 있기를!

㉒ 샹카 셥나 녜모다나야 사바하(śaṅkha-śabda-nibodhanāya svāhā) : '소라고둥 소리를 듣는 자'께 영광이 있기를!

㉓ 마하라구타다라야 사바하(mahālakuṭadharāya svāhā) : '큰 방망이(를) 보지(保持)하는 (者)'께 영광이 있기를!

㉔ 바마 사간타 니샤 시테다 가릿나이냐야 사바하(vāma-skanda-deśa-sthita-kṛṣṇājināya svāhā) : 왼쪽의 공격자 쪽에 있는 '흑색성자'께 영광이 있기를!

㉕ 먀가라 잘마 니바사냐야 사바하(vyāghra-carmanivasanāya svāhā) : '호랑이 가죽(을) 착용(한 자)'께 영광이 있기를!

㉖ 나모 라다나 다라야야(namo ratna-trayāya) : 삼보께 귀의합니다.

㉗ 나막 알야바로기데새바라야 사바하(namaḥ āryāvalokiteśvarāya svāhā) : 성관자재(聖觀自在)께 귀의합니다. 영광이 있으소서!

26) 다라니 어절 구분 및, 수주(手呪)의 문제 : 다라니 어절 구분에

있어 가범달마 역본의 [81] [82] [83]은 불공 역본에서 [81]로, [84]는 불공 역본에서는 [82]로 나뉘어져 있는 바, 불공 역본은 전체 82구(句)로서 구분되어 있다.

한편 불공 역본에서는 위의 다라니가 마쳐진 후 41개의 「수주(手呪)」에 대한 설명이 이어지고 있다. 그리고 그 후 다라니에 대한 간략한 찬탄으로서 전체 경전 내용이 마쳐지고 있는 바, 가범달마 역본과는 달리 오직 다라니의 내용에 주안점을 둔 채 형성되어진 것임을 알 수 있다.

또한 특이할 점은 불공 역본의 뒷부분에 후기(後記)가 붙어 있는 것으로, 그 내용에 의한다면 현재 전하고 있는 불공 역본은 상당 부분 생략되어 있음을 말하고 있다. 후기의 내용 중 이에 관계되는 구절만을 간략히 옮겨 번역하면 다음과 같다.

"『팔가비록(八家祕錄)』에 이르기를, '「천수천안관세음광대원만무애대비심대다라니 신묘장구」1권은 비록 경(經) 이름은 있으되 모두가 생략되어 있다.'"(八家祕錄云 千手千眼觀世音廣大圓滿無礙大悲心大陀羅尼神妙章句 一卷 雖名有具略)

이에 참고적으로 말해 본다면 가범달마 역본은 A.D 658년에 번역된 것이고, 불공 역본은 A.D 720-744년 사이에 번역된 것으로 추정된다.

또한 특이한 점은, 불공 역본에서는 위와 같이 내용상의 생략으로 인해 「수주(手呪)」에 대한 설명 역시 관세음보살께서 설(說)하신 것으로 오해될 소지가 있으나, 가범달마 역본에 의한다면 「수주(手呪)」 부분은 석가모니 부처님께서 자설(自說)하신 것으로 되어 있다.

27) 가범달마 역본에는 "三地四地五地" 등으로 표기되나, 불공 역본에서는 "三四五地"로 표기되어 있다.

28) 다라니에 이어, 뒷부분의 41개 「수주(手呪)」에 대한 설명을 연이어 소개한 다음 불공 역본은 종결을 이루고 있다. 즉 위의 내용 다음에 "大悲心陀羅尼經幷呪終"이란 구절로서 불공 역본은 마쳐지고 있는 것이다.

29) 이상은 관세음보살을 따르며, 다라니 수지자(受持者)를 옹호하는 천신들을 나열한 것이다. 일반적으로 '28부중(部衆)'이라 칭하며, 각각 번호(예: [1], [2] 등)로서 그 구분을 행하였다. 이에 대한 상세한 설명을 『十白千陀羅尼守護者名號略釋』(大正藏 61, pp.749-754) 가운데서 찾아볼 수 있다.

30) 항하사(恒河沙) 및 나유타(那由他) : 항하사(恒河沙)란 인도 고대의 숫자 단위를 말한다. 10^{52}에 해당하는 숫자이다. 여기서는 99억(億) 항하사(恒河沙)라 했으니, 99 × 억(億:108)에 10^{52}을 곱하면 '99×10^{60}'로서 99나유타(那由他)란 숫자가 생겨나게 된다.

여기서 나유타(那由他)란 10^{60}에 해당하는 숫자이다. 그러므로 여기서 99억 항하사는 99 × 10^{60}에 해당하는 숫자를 가리킨다. '수없이 많은' 정도로 해석하면 될 것이다.

31) 삼도중생(三塗衆生)이란 일반적으로 지옥·아귀·축생을 말하

는데, 본문 내용과의 연관 속에 의미상 '축생' 대신 '아수라'를 기록하였다.

32) 대승(大乘) 보살 수행의 52단계 가운데 11번째를 초주(初住), 즉 발심주(發心住)라 하며, 10주(十住)는 20번째에 해당되어 관정주(灌頂住)라고도 한다. 또한 불지(佛地)란 달리 묘각(妙覺)이라고도 하여 모든 번뇌를 벗어난 부처의 자리를 뜻한다.

보살(菩薩) 수행 계위(階位)

여기서 참고적으로 '보살(菩薩) 수행의 계위(階位)'를 간략히 정리하겠는 바, 보살 수행 계위(階位)란 보살이 처음 보리(菩提)의 마음을 일으킨 후, 수행의 공덕을 쌓아 불과(佛果)에 이르기까지의 모든 수행의 단계를 말한다.

『영락본업경(瓔珞本業經)』・『인왕경(仁王經)』・『범망경(梵網經)』・『화엄경(華嚴經)』・『수릉엄경(首楞嚴經)』・『성유식론(成唯識論)』・『섭대승론(攝大乘論)』・『보살지지경(菩薩地持經)』 등에 보살 수행 계위를 설명하고 있으나 각각 그 차이점을 드러내고 있다.

일반적으로 『영락본업경(瓔珞本業經)』에 서술된 10신(十信)・10주(十住)・10행(十行)・10회향(十回向)・10지(十地)・등각(等覺)・묘각(妙覺)의 '52위설(五十二位說)'이 통용되고 있는 바, 그에 따른 보살수행의 계위를 간략해서 설명하면 다음과 같다.

가. 10신(十信), 또는 10신심(十信心) : 보살 수행의 계위

52위 중 1위에서 10위까지의 과정을 말하며, 불법의 진리를 믿어 의심이 없는 지위에 오름을 말한다.

① 신심(信心) : 무엇을 어떻게 믿을까를 확실히 이해하여 믿는 단계를 말한다.

② 염심(念心) : 자신이 믿는 대상을 마음에 간직하여 항상 되새기는 마음으로, 끝없는 우리의 염불을 이 단계로 이해할 수 있다.

③ 정진심(精進心) : 믿음에 기반을 둔 뒤, 모든 일에 있어 항상 정진할 것을 생각하는 것으로 8정도 및 4무량심 등을 항상 닦음을 말한다.

④ 혜심(慧心) : 믿음에 기반을 둔 채 끝없는 정진을 계속한다면 마음에 지혜가 생겨져 나오니, 그것은 세속적 지혜와는 다른 참다운 지혜로서 그 마음을 통해 우리는 진리의 궁극에 이르를 수 있게 된다.

⑤ 정심(定心) : 참다운 지혜로 진리의 세계를 본다면 그 위에 헐떡이지 않는 마음의 안정을 이룰 수 있음을 뜻한다.

⑥ 불퇴심(不退心) : 참다운 지혜의 인식 속에 자신의 믿음 및 마음의 안정으로부터 물러서지 않겠다는 결심이 생겨나는 상태를 뜻한다.

⑦ 회향심(廻向心) : 믿음의 바탕 위에 체득된 진리를 나만이 아닌 바깥세계의 모든 중생들에게 널리 회향할 수 있도록 마음을 내는 것을 말한다.

⑧ 호심(護心) : 자신의 믿음과 체득된 진리를 한없이 보호하겠다는 마음을 내는 것을 말한다.

⑨ 계심(戒心) : 더욱 더 믿음을 굳건히 하기 위한 계(戒)의 실천에 따라 생활코자 하는 마음을 이른다.

⑩ 원심(願心) : 진리의 깨달음 위에 서서 나뿐만이 아닌 모든 중생들을 위해 널리 진리를 전파할 것을 바라는 마음의 상태를 말한다.

　나. 10주(十住), 또는 10심주(十心住) : 보살 수행의 계위 52위 중 11위에서 20위까지의 과정을 말한다. 곧 불법의 진리를 믿어 의심이 없는 지위에 오름으로서, 참된 진리의 세계에 안주할 수 있음을 뜻한다.

⑪ 발심주(發心住) : 불법에 대한 10가지 마음을 원만히 이루어 참된 진리의 경지에 머물게 되는 상태를 말한다.

⑫ 치지주(治地住) : 참된 진리를 증득한 원만한 진리 위에 실천 수행하고 스스로를 다스리는 경지를 말한다.

⑬ 수행주(修行住) : 원만한 진리의 증득 위에 모든 선행을 닦아나가는 과정을 말한다.

⑭ 생귀주(生貴住) : 부처님 도움을 받아 여래의 종자를 얻어 가지는 단계를 말한다.

⑮ 구족방편주(具足方便住) : 자리이타(自利利他)의 방편을 구족해 있는 상태를 뜻한다.

⑯ 정심주(正心住) : 대자비의 마음속에 부처님과 같은 마음

을 일으키는 상태를 말한다.

⑰ 불퇴주(不退住) : 몸과 마음이 합해져 수행이 날로 증장하는 경지를 말한다.

⑱ 동진주(童眞住) : 그릇된 소견을 단멸하고 보리의 마음을 길이 유지함으로서 어린애와 같은 청정무구한 마음의 상태에 머물게 됨을 뜻한다.

⑲ 법왕자주(法王子住) : 성인의 지혜가 생겨나 법왕자의 위치에 나아가 머물게 됨을 말한다.

⑳ 관정주(灌頂住) : 법왕자가 자라나 세자의 지위를 얻을 때에 정수리에 물을 부어 의식을 행함과 같이, 보살이 자신의 수행을 이루어 부처의 지위에 나아갈 수 있음을 공인할 수 있는 단계를 말한다.

다. 10행(十行) 또는 10행심(十行心) : 보살 수행의 계위 52위 중 21위에서 30위까지의 과정을 말한다. 제20위 관정주(灌頂住)에서 진정한 불자임을 인정받고, 더 나아가 중생 교화의 이타행을 실천하는 과정을 말한다.

㉑ 환희행(歡喜行) : 언제나 남에게 기쁨을 주는 행동을 함을 뜻한다.

㉒ 요익행(饒益行) : 남에게 도움이 되는 행동을 함을 말한다.

㉓ 무진한행(無瞋恨行) : 원한 또는 진노를 일으키지 않는 생활을 함을 말한다.

㉔ 무진행(無盡行) : 다함 없이, 즉 자신의 끝없는 노력 속에 남을 위해 봉사함을 뜻한다.

㉕ 이치란행(離癡亂行) : 남을 위해 사는 데 있어, 어리석고 문란함이 없도록 사는 생활태도를 말한다.

㉖ 선현행(善現行) : 착함을 드러내어 산다는 것을 말한다.

㉗ 무착행(無着行) : 집착이 없이 사는 태도를 말한다.

㉘ 존중행(尊重行) : 유정·무정의 모든 중생을 존중하는 생활상의 태도를 말한다.

㉙ 선법행(善法行) : 윤리에 어긋나지 않는 선한 법의 생활을 이끌어 나감을 말한다.

㉚ 진실행(眞實行) : 진실된 행동을 함을 뜻한다.

라. 10회향(十廻向), 또는 10회향심(十廻向心) : 보살 수행의 계위 52위 중에서 31위에서 40위까지의 과정을 말한다. 곧 10신(信)·10주(住)·10행(行)의 과정을 통해 얻은 수행의 상태를 자리이타의 행을 통해 일체 중생에 회향하는 공덕을 통해 불과(佛果)에로 나아가고자 하는 상태이다.

㉛ 구호일체중생이상회향(救護一切衆生離相廻向) : 일체 중생을 구호하되, 그를 남이라는 생각 없이 대하는 마음상태로 임하는 것을 말한다.

㉜ 불괴회향(不壞廻向) : 남에게 자신의 공덕을 돌리는 데 있어, 모든 일을 파괴가 아닌 완성이라는 측면으로 향해 나감을 말한다.

㉝ 등일체불회향(等一切佛廻向) : 모든 중생을 부처님 대하듯 그들에게 나의 공덕을 회향함을 말한다.

㉞ 지일체처회향(至一切處廻向) : 모든 중생 누구에게라도 등한함이 없이 나의 공덕을 회향함을 말한다.

㉟ 무진공덕장회향(無盡功德藏廻向) : 나의 공덕을 하나도 남김이 없이 중생에게 회향함을 말한다.

㊱ 입일체평등선근회향(入一切平等善根廻向) : 일체 평등의 마음속에서 나의 선근을 회향함을 뜻한다.

㊲ 등수순일체중생회향(等隨順一切衆生廻向) : 일체 중생을 근기에 따라 관찰하여 그들과 하나가 되어 나의 얻은 바 진리를 회향한다는 '동사섭'의 정신을 뜻한다.

㊳ 진여상회향(眞如相廻向) : 한결같은 마음을 드러내 회향심을 발하는 것을 뜻한다.

㊴ 무박해탈회향(無縛解脫廻向) : 속박 없는 해탈을 목적으로 중생을 위한 회향심을 발함을 말한다.

㊵ 법계무량회향(法界無量廻向) : 무량한 법계에 일체 중생이 들어갈 수 있도록 나의 회향심을 발하는 것을 말한다.

　마. 10지(十地), 또는 10지심(十地心) : 보살 수행의 계위 52위 중에서 41위에서 50위까지의 과정을 말한다. 보살은 이 위(位)에 올라 비로소 무루지(無漏智)를 증득해 불성(佛性)을 보고 성자가 되어, '부처의 지혜를 길러 중생을 육성·제도할 수 있다'고 하였다.

그러므로 그 상태를 땅[地]에 비유하여 〈지(地)의 위치〉 즉 지위(地位)라 부르며, 그 '지위'에 오른 10위의 수행단계에 있는 보살을 10성(十聖)이라 표현하기도 한다.(다음의 '10지'의 명칭은 신역 화엄경 34권에 의한 구분이다.)

㊶ 환희지(歡喜地) : 처음으로 성자가 되어 크게 기쁜 마음이 일어나는 자리로 『영락본업경』에서는 구마라가(鳩摩羅伽), 즉 '역류환희지(逆流歡喜地)'라 표현한다.

㊷ 이구지(離垢地) : 계를 파하거나 번뇌를 일으키는 마음을 여읜 자리로 『영락본업경』에서는 수아가일파(須阿伽一波), 즉 '도류이구지(道流離垢地)'라 표현한다.

㊸ 발광지(發光地) : 지혜의 광명이 일어나 진리가 밝혀지는 자리로서 『영락본업경』에서는 수나가(須那迦), 즉 '류조명지(流照明地)'라 표현한다.

㊹ 염혜지(焰慧地) : 앞의 '환희지'·'이구지'·'발광지'에 의해 사리분별을 여의고 지혜의 불꽃이 번뇌의 장애를 태움으로 지혜의 본체를 깨닫는 지위를 말한다. 『영락본업경』에서는 수다원(須陀洹), 즉 '관명염지(觀明炎地)'라 표현한다.

㊺ 난승지(難勝地) : 확실한 지혜를 얻어 그 이상의 지혜를 얻기가 어렵다는 경지를 말하여, 출세간의 지혜를 얻어 자유자재한 방편을 가지고 구하기 어려운 중생을 구원하는 자리라고 한다. 『영락본업경』에서는 사다함(斯陀含), 즉 '도장난승지(度障難勝地)'라 표현한다.

㊻ 현전지(現前地) : 지혜바라밀다(반야바라밀)를 행함으로서 크나큰 지혜가 눈앞에 나타나는 자리를 말한다. 『영락본업경』에서는 아나함(阿那含), 즉 '박류현전지(薄流現前地)'라 표현한다.

㊼ 원행지(遠行地) : 상(相)이 없는 행을 닦아 마음의 작용이 세간을 뛰어넘은 자리로서, 방편구족지라 말하기도 한다. 『영락본업경』에서는 아라한(阿羅漢), 즉 '과3유원행지(過三有遠行地)'라 표현한다.

㊽ 부동지(不動地) : 상(相)이 없는 지혜가 끊임없이 일어나 결코 번뇌에 움직이지 않는 지위로서, 결정지(決定地)라 말하기도 한다. 『영락본업경』에서는 아니라한(阿尼羅漢), '변화생부동지(變化生不動地)'라 표현하고 있다.

㊾ 선혜지(善慧地) : 보살이 거리낌없는 힘으로 설법하여 이타행을 완성함으로서 지혜의 작용이 자재한 지위로서, 『영락본업경』에서는 아나가(阿那訶), '혜광묘선지(慧光妙善地)'라고 표현한다.

㊿ 법운지(法雲地) : 대법신의 자재력을 얻어 대자비의 구름으로 중생들에게 진리의 그림자를 드리울 수 있는 지위를 말한다. 『영락본업경』에서는 아가라불(阿訶羅弗), '명행족법운지(明行足法雲地)'라고 표현한다.

　바. 등각(等覺) : 보살 수행의 계위 52위 가운데 51위의 과정을 말한다. 등정각(等正覺), 즉 널리 진리를 깨달아, 깨달음

에 있어서는 부처와 동등하나 아직은 상위의 자리가 있기 때문에 1생 보처(補處)에 머물고 있는 보살의 상태를 말한다.

  사. 묘각(妙覺) : 보살 수행의 계위 52위 가운데 맨 마지막 수행 최후의 자리로서, 모든 번뇌를 끊고 지혜가 원만히 갖추어진 궁극의 부처의 자리를 의미한다.

  이상 우리는 보살 수행의 전체 계위를 살펴 보았는 바, 이중 '10주(住)'·'10행(行)'·'10회향(廻向)'의 계위를 '삼현(三賢)'이라 달리 표현하기도 한다.

33) 성문(聲聞)·연각(緣覺)·보살(菩薩)·불(佛) 등 소승(小乘)에서의 최고의 깨달음의 경지를 일컫는다.

34) 삼재(三災)와 악겁(惡劫)이란 현생의 겁(劫)이 괴멸되는, 즉 세상이 파멸되는 과정 속에 생겨나는 현상 및 순간을 가리킨다. 즉 다라니를 외워 지님으로써 현생의 겁(劫)이 괴멸되는 순간에조차 살아 남을 수 있음을 표현한 말이다.

35) 생(生)·노(老)·병(病)·사(死)의 고(苦) 가운데 죽음(死)의 苦를 말한다.

36) 결녕(結嚀), 즉 嚀(귀지 嚀)을 써야 할 것인 바, 잘못 표기된 것으로 생각된다.

37) 일대량(一大兩)으로 쓰여져야 하는 바, 잘못 표기된 부분이다.

38) 불공 역본에는 '여의보주수(如意寶珠手)'라 표기되어 있다.

39) 40개의 수주(手呪) 및 진언구(眞言句) : 여기 소개되는 각각 수주(手呪)의 진언구(句)는 가범달마 역본에는 없는 것으로, 불공

이 번역한 『천수천안관세음보살대비심다라니(千手千眼觀世音菩薩大悲心陀羅尼)』의 것을 그림과 함께 인용하였다.

그럼에도 각각 진언구를 한글로 표기하는 데에는 1716년에 판각된 「관세음보살영험약초(觀世音菩薩靈驗略抄)」의 본인 소장 목판본을 참조하였는 바, 목판본 자체의 예에 따라 어절 구분을 하였으며, 18세기 초반의 고어 표기를 현대어의 범례에 맞게끔 바꿔 표기하였다.

한편 각각 진언구에는 불공 역본(大正藏 20, No.1064. pp. 117-119 참조)에 의거하여 역자(譯者) 임의로 번호를 부여하였다.

40) (3) 및 (19)의 예에서와 같이 "기리기리"라 표기되어야 할 것인 바, 잘못 표기된 것으로 보인다.
41) 불공 역본에는 '若爲腹中諸病苦者'라 표기되어 있어, '뱃속에 있는 여러 병으로 고통을 받는 자는'이라 해석될 수도 있다.
42) 불공 역본에는 '神' 대신 '外道'라 표기되어 있다.
43) 불공 역본에는 '一切時', 즉 '모든 때'란 내용이 앞에 첨가되어 있다.
44) 불공 역본에는 '闇' 대신 '暗'字가 쓰여 있다. 해석에 있어서는 차이가 나지 않는다.
45) 불공 역본에는 '患'字가 첨가되어, '걸린' 대신에 '걸려 앓고 있는'이라 표기해야 할 것이다.
46) 불공 역본에는 '求仕官'이란 표현이 첨가되어 있다. '위해서는'

대신에 '구하고자 하는 자는'이라 표현해야 할 것이다.

47) 불공 역본에는 '相逢' 다음에 '遇'字가 첨가되어 있다. 해석에 있어서는 별 영향을 미치지 않는다.

48) 불공 역본에는 '病' 대신 '病難'이라 쓰여 있다.

49) 불공 역본에는 '楊柳枝手'라 표기되어 있다.

50) 가범달마 역본은 '若爲除身上惡障難者'인데, 불공 역본에는 '若爲除滅一切惡障難者'라 표기되어 있다. 이에 의하면 '일체 악의 장애, 곤란을 멸해 없애려면'이라 해야 할 것이다.

51) 불공 역본에는 '寶甁手'라 표기되어 있다.

52) 가범달마 역본에는 '虎狼狩豹'라 되어 있는데, 불공 역본에는 '虎狼'이라고만 표기되어 있다. 불공 역본에 의한다면 '호랑이와'라고 번역해야 할 것이다.

53) 가범달마 역본은 '一切時處'인데, 불공 역본에는 '一切時一切處'라 표기되어 있다.

54) 불공 역본에는 '好'字가 생략되어 있다.

55) 불공 역본에는 '鉞斧手'라 표기되어 있다.

56) 불공 역본에는 '及諸'라는 표현이 삽입되어 있다. '및 모든'이라는 어구가 삽입되어야 한다.

57) 가범달마 역본은 '若爲欲得生'인데, 불공 역본에는 '若爲求生'이라 표기되어 있다. 불공 역본에 따르면 '시방정토에 태어남을 구하고자 하면'이라 번역해야 할 것이다.

58) 가범달마 역본은 '若爲大智慧者'인데, 불공 역본에는 '若爲成就

廣大智惠者'라 표기되어 있다. 불공 역본에 의하면 '광대한 지혜를 성취코자 하면'이라 번역해야 할 것이다.

한편 불공 역본에서는 '智慧'를 '智惠'로 표기하는 오류를 범하고 있다.

59) 가범달마 역본은 '十方一切'인데, 불공 역본에는 '一切十方'이라 표기되어 있다. 각각 순서가 바뀌어 있다.
60) 가범달마 역본은 '若爲地中伏藏者'인데, 불공 역본에는 '若爲求地中種種伏藏者'라 표기되어 있다. 불공 역본에 의하면 '땅 속에 숨겨진 갖가지 것을 구하고자 하면'이라 번역해야 할 것이다.
61) 가범달마 역본의 '若爲仙道者' 대신 불공 역본에는 '若爲速成就佛道者'라 표기되어 있다. 불공 역본에 의한다면 '불도(佛道)를 속히 성취코자 하는 자는'이라 번역해야 할 것이다.
62) 가범달마 역본은 '若爲生梵天者'인데, 불공 역본에는 '若爲求生諸梵天上者'라 표기된다. 불공 역본에 의하면 '모든 범천에 태어나기를 구하는 자는'이라 번역해야 할 것이다.
63) 불공 역본에는 '軍持手'라 표기되어 있다.
64) 불공 역본에는 '求生'이라 표기되어 있다. '태어나고자'라고 표현해야 할 것이다.
65) 불공 역본에는 '怨敵'이 첨가되어 있다. '원한의 적'을 첨가해야 한다.
66) 불공 역본에는 '呼召'라고 되어 글자 순서가 바뀌어져 있다.

67) 불공 역본에는 '不相違拒'라는 표현이 첨가되어 있다. 이에 '또한, 서로 어기거나 겨루지 못하게 하고자'라는 구절이 첨가되어야 할 것이다.
68) 불공 역본에는 '髑髏寶杖手'라 표기되어 있다.
69) 가범달마 역본은 '若爲口業辭辯巧妙者'인데, 불공 역본에는 '若爲成就口辯言辭巧妙者'라 표기되어 있다. 불공 역본에 의한다면 '구변과 언사가 뛰어남을 성취코자 하면'이라 번역해야 할 것이다.
70) 불공 역본에서는 '衆生' 대신 '鬼神龍蛇虎狼師子人及非人'이란 어구가 쓰이고 있다. 즉 '귀신과 용, 뱀·호랑이·사자·사람 및 非人'을 말하고 있다. 여기서 '獅子'를 표현하는 漢字가 잘못 쓰이고 있음이 발견된다.
71) 불공 역본에는 '生生之處'라 표기되어 있다. '태어나는 곳마다'로 번역해야 한다.
72) 불공 역본에는 '聰明'이란 어구가 포함되어 있다. '총명하여'가 삽입되어야 한다.
73) 불공 역본에는 '不忘'이란 표현이 삽입되어 있다. '배워 잊어버리지 않고자'로 번역해야 한다.
74) 불공 역본에는 '不退轉金輪手'로 표기되어 있다.
75) 불공 역본에는 '蒲桃手'라 표기되어 있다.
76) 42수주(四十二手呪) : 40개의 수주(手呪)를 설하고 있는 가범달마 역본과 달리, 불공 역본에는 이외에도 다음과 같은 설명과

함께 또 하나의 진언 및 그에 따른 그림을 소개하고 있다.

 일체 기갈 중생과 모든 아귀가 청량함을 얻게끔 하고자 하면 '감로수(甘露手)진언'을 외우라.

감로수(甘露手)진언
옴, 소로 소로, 바라소로, 바라소로,
소로 소로, 사바하

 이외에도 한국 전래의 목판본에는 다음의 '총섭천비진언'이 포함되며, 이를 포함한 전체 42개의 진언을 〈42수주(手呪)〉라 부르고 있다.

 능히 삼천대천세계의 악마와 원수를 항복시키고자 하면 '총섭천비(摠攝千臂)진언'을 외우라.

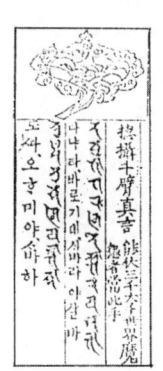

총섭천비(摠攝千臂)진언
다냐타, 바로기뎨, 새바라야
살바도짜, 오하미야, 사바하

천수경 _ 109

* '총섭천비수진언' 및 그림은 본인 소장의 (관세음보살영험약
초) 목판본에서 인용한 것이다.(1716년 板本).

77) 현재 일반에 통용되고 있지 않은 진언(眞言)에 대한 한글 표기
는 동국역경원(東國譯經院)에서 사용하고 있는 '진언한자음(眞
言漢字音)'의 규범에 따라 이를 '몯'이라 표기하였다.

〈부록〉

불공(不空)과 가범달마(伽梵達磨) 역본의 다라니 음절(音節) 구분 및 불공주(註)

일러두기

가범달마(伽梵達磨) 역본(譯本)을 기본으로 한 채 불공(不空) 역본 가운데 그와 달리 표기되는 글자 34字는 ( )에 넣어 명기하고 밑줄을 그어 두었다.

한편, 위 한역본(漢譯本) 다라니 음역(音譯)과 한글 다라니 음역과의 비교적 관점에서 한역 음역에 대한 한글 음역을 같이 실어 두었는데, 많은 부분에 있어 상이점이 있음을 볼 수 있다.

[1] [2] [3] 등의 표기는 가범달마 번역본에 실려진 항목 구분에 의한 것이다. 각각 항목마다에 불공 역본에 실린 각 항목에 대한 주(註)의 내용을 번역해 두었는 바, 다라니 어구의 본래적 의미와는 전혀 다른 설명을 행하고 있다.

南無喝 囉怛那(娜) 哆囉夜耶[1]
나모　　라 다나다라 야야[1]
관세음보살의 본신(本身)을 가리키는 말로, 큰 소리로 자비로운 마음을 가지고 독송해야 한다. 신성(神性)을 재촉[急]하여 고성을 내지 말아야 한다.

南無 阿唎耶[2]
나막　알약[2]
여의륜보살(如意輪菩薩)의 본신으로, 모름지기 마음을 다하여 이르러야 한다.

波盧羯帝爍鉢囉耶[3]
바로기데　새바라야[3]
발우를 지니는 지발(持鉢)관세음보살의 본신으로, 사리골(舍利骨)을 취하고자 하면 보살이 발우를 들고 있는 모습을 생각하며 이를 독송하라.

菩提薩跢(埵)婆鄿[4]
모지 사다바야[4]
불공견색(不空羂索)보살이 대 병사(兵)를 거느리고 있는 모습이다.

摩訶薩跢(埵)婆鄿[5]
마하 사다바야[5]
이것은 보살의 종자(種子)로, 송주(誦呪)의 본신을 말한다.

摩訶迦盧尼迦鄿[6]
마하 가로니가야[6]
마명(馬鳴)보살의 본신으로, 손에 금강저〔鈸折羅〕를 쥐고 있는 모습이 이것이다.

唵[7]
옴[7]
이 옴(唵)字는 모든 귀신이 합장하고 송주(誦呪)를 듣고 있는 모습을 말한다.

薩皤囉罰曳[8]
살바바예[8]
4대천왕의 본신으로, 악마를 항복받음을 나타낸다.

數恒那恒寫[9]
슈 다라 나가라야 다사명[9]
4대천왕의 부락귀신 이름이다.

南無悉 吉利埵 伊蒙 阿唎耶[10]
나막 까리다바 이맘 알야[10]
용수보살의 본신으로, 모름지기 큰 마음을 내어 독송할 것이며, 보살의 성품을 재촉하여 소실(疎失)치 말 것이다.

婆盧吉帝室佛囉(羅)㘑馱婆[11]
바로기데 새바라 다바[11]
원만보신 노사나불을 가리킨다.

南無 那囉謹墀[12]
니라간타[12]
청정법신 비로자나불의 본신으로, 모름지기 큰 마음으로 읽어야 한다.

醯唎摩 訶皤哆沙咩[13]
나막 하리나야 마발다 이샤미[13]
모든 천마(天魔)를 함께 권속으로 삼고 있는 양두신왕(羊頭神王)을 가리킨다.

薩婆阿他 豆輸朋[14]
살발타 사다남 슈반[14]
관세음보살의 권속인 감로(甘露)보살을 가리킨다.

阿逝孕[15]
아예염[15]
사방을 순찰하며 옳고 그름을 관찰하는 비등 야차천왕(飛騰夜叉天王)을 가리킨다.

薩婆薩哆那摩婆伽[16]
살바 보다남[16]
표범가죽의 옷을 입고 손에는 쇠칼을 든 파가
제신왕(婆加帝神王)으로, 형상은 까맣고 크다.

摩罰特(恃)豆[17]
바바말아 미슈다감[17]
군다리보살(軍吒利菩薩)의 본신으로, 쇠바퀴
와 견색(絹索)을 들고 3개의 눈을 갖고 있다.

怛姪他[18]
다냐타[18]
검어(劍語)

唵 阿婆盧醯[19]
옴 아로계 아로가 마디[19]

盧迦帝[20]
로가 디[20]
대범천왕의 본신으로, 신선들의 무리를 말
한다.

迦羅帝[21]
가란데[21]
장대한 제석신[帝神]의 모습으로, 흑색을 띠고 있다.

夷醯唎[22]
헤헤 하례[22]
33천. 마혜수라(摩醯首羅)천신이 하늘의 군대를 거느린 모습으로, 청색을 띤다.

摩訶菩提薩埵[23]
마하 모지 사다바[23]
진실한 마음으로 무릇 잡란심이 없음을 살타(薩埵)라 한다.

薩婆薩婆[24]
사마라[24]
향적보살(香積菩薩)이 오방귀신들을 거느리고 불가사의한 힘을 나타내 보임을 뜻한다.

摩羅摩羅[25]
사마라[25]
보살의 형상으로, 벌어(罰語)는 구제의 뜻을 갖는다.

摩醯薩醯唎馱孕[26]
하리나야[26]
앞과 같음.

俱盧 俱盧 羯懞[27]
구로 구로 갈마[27]
공신(空身)보살이 하늘대장군을 이끌고 20만억 천병을 부림을 뜻한다.

度盧 度盧 罰闍耶帝[28]
사다야 사다야 도로 도로 미연데[28]
엄준(嚴峻)보살이 공작왕의 군사를 거느린 모습.

摩訶罰闍耶帝[29]
마하 미연데[29]

위와 같음.

陀羅 陀羅[30]
다라 다라[30]
관세음보살의 장부의 형상을 가리킨다.

地利(唎)尼[31]
다린 나례[31]
사자(獅子)왕을 가리키는 것.

室佛囉耶(羅娜)[32]
새바라[32]
벽력(霹靂)보살이 모든 마귀 권속을 항복받음을 가리킨다.

遮羅(囉) 遮羅(囉)[33]
자라 자라[33]
쵀쇄(攦碎)보살의 본신으로, 손에 금륜(金輪)을 들고 있다.

摩摩#
여기서는 다라니 수지(受持)자의 이름을 말한다.

罰摩囉³⁴
마라 미마라 아마라³⁴
금륜을 손에 든 대항마금강(大降魔金剛)의 본신을 가리킨다.

穆帝隸(嚦)³⁵
몰뎨 예³⁵
모든 부처님들이 합장하고 신언 읊는 것을 듣고 있음을 말한다.

伊醯移(伊)醯³⁶
헤헤³⁶
마혜수라천왕(魔醯首羅天王)을 가리킨다.

室那室那³⁷
로계새바라 라아 미사미 나샤야³⁷
위와 같음.

阿囉嘇佛囉舍利[38]
나볘 사미 사미 나샤야[38]
관세음보살이 방패와 화살을 들고 있는 형상을 일컫는다.

罰沙罰嘇[39]
모하 자라 미사[39]
전과 동일.

佛羅(囉)舍耶[40]
미 나샤야[40]
관세음보살의 본사(本師)이신 아미타부처님의 본신을 칭한다.

呼嚧(盧)呼嚧(盧) 摩囉(羅)[41]
호로 호로 마라[41]
8부귀신의 왕을 칭한다.

呼嚧(盧)呼嚧(盧) 醯利(唎)[42]
호로 하례[42]
전과 동일.

娑囉 沙囉⁴³
바나마나바 사라 사라⁴³
오탁악세(五濁惡世)를 일컫는다.

悉利(唎) 悉利(唎)⁴⁴
시리　　　시리⁴⁴
일체 중생을 이익케 하는 관세음보살의 불가사의함을 일컫는다.

蘇嚧蘇嚧⁴⁵
소로 소로⁴⁵
많은 부처님들께서 나뭇잎을 떨어뜨리는 소리를 묘사한 것이다.

菩提夜 菩提夜⁴⁶
못댜　　 못댜⁴⁶
관세음보살께서 우리 중생들과 인연이 맺어졌음을 묘사한 것이다.

菩馱夜 菩馱夜⁴⁷
모다야　모다야⁴⁷
아난(阿難)의 본신을 일컫는다.

彌帝利(唎)夜⁴⁸
매다리야⁴⁸
대거(大車)보살께서 손에 금으로 만든 칼을 들고 있음을 묘사한 것이다.

那囉謹墀⁴⁹
니라간타⁴⁹
용수(龍樹)보살이 손에 금으로 된 칼을 들고 있는 형상을 표시한 것이다.

地(他)唎瑟尼那⁵⁰
가마　샤날샤남⁵⁰
철퇴〔鐵叉〕를 손에 든 보당(寶幢)보살을 묘사한 것이다.

波夜摩那[51]
바라 하라 나야 먀낙[51]
발절라저(鉢折羅杵), 즉 금강저를 지니고 있는 보금광당(寶金光幢)보살을 표현한 것이다.

娑婆訶[52]
사바하[52]
거성(去聲)으로 읽어야 한다.

悉陀夜[53]
싯다야[53]
일제 법문을 봉날한 것을 표현한 것이다.

娑婆訶[54]
사바하[54]
거성(去聲)으로 읽어야 한다.

摩訶悉陀夜[55]
마하 싯다야[55]
방광(放光)보살이 손에 붉은 깃대(幢)를 든 모습을 묘사한 것이다.

娑婆詞[56]
사바하[56]
거성(去聲)으로 읽어야 한다.

悉陀喻藝[57]
싯다유예[57]
모든 천신과 보살이 다 모여 손에 금으로 된 칼을 들고 있는 모습을 그린 것이다.

室皤囉耶(夜)[58]
새바라야[58]
안식향(安息香)을 뜻하는 것이다.

娑婆詞[59]
사바하[59]
거성(去聲)으로 읽어야 한다.

那囉(羅) 謹墀[60]
니라간타야[60]
산해혜(山海蕙, 山海慧)보살의 본신으로, 손에 금으로 된 칼을 들고 있다.

娑婆訶⁶¹
사바하⁶¹ ⁶² ⁶³
거성(去聲)으로 읽어야 한다.

摩囉(羅)那囉(羅)⁶²
보인왕(寶印王)보살이 손에 금도끼를 들고 있는 모습을 표현한 것이다.

娑婆訶⁶³
거성(去聲)으로 읽어야 한다.

悉囉僧阿穆佉耶⁶⁴
바라하 목카 싱하 목카야⁶⁴
모든 병을 치료하는 약왕(藥王)보살의 본신을 표현한 것이다.

娑婆訶⁶⁵
사바하⁶⁵
거성(去聲)으로 읽어야 한다.

娑婆摩訶阿悉陀夜(椰)⁶⁶
바나마　하싸야⁶⁶
모든 병을 치료하는 약왕보살의 본신을 말한다.

娑婆訶⁶⁷
사바하⁶⁷
거성(去聲)으로 읽어야 한다.

者吉囉悉陀夜⁶⁸
자가라 욕다야⁶⁸
동성(同聲)으로 읽으라.

娑婆訶⁶⁹
사바하⁶⁹
거성(去聲)으로 읽어야 한다.

波陀摩羯悉哆夜⁷⁰
샹카 셥나녜 모다나야⁷⁰
동성(同聲)으로 읽으라.

娑婆訶[71]
사바하[71]
거성(去聲)으로 읽어야 한다.

那囉謹墀皤伽囉㖿[72]
마하라 구타다라야[72]

娑婆訶[73]
사바하[73]

摩婆利勝羯囉夜[74]
바마사간타 니샤시톄다 가릿나 이나야 사바하 먀가라 잘마 니바사 나야[74]

娑婆訶[75]
사바하[75]

南無喝囉怛那哆囉夜耶[76]
나모라 다나 다라 야야[76]

南無阿唎㖿[77]
나막 알야[77]

婆嚧(盧)吉帝[78]
바로　　기데[78]

爍皤囉夜[79]
새바라야[79]

娑婆訶[80]
사바하[80] [81] [82] [83] [84]

唵(不空 역본에는 생략되어 있다)　悉殿都[81]

曼(漫)哆囉(羅)[82]

鉢馱(跋馱)耶[83]

娑婆訶[84]

　(不空본에서는 [82] [83] [84]를 [82]로 묶고 있다)

正覺(문상련)

가톨릭대학교 신학과 졸업.
송광사 출가, 통도사 강원 졸업, 동국대 대학원 불교학과 박사과정 수료.
현재 동국대 불교학부 강사.
저서로 『천수경 연구』, 『금강경 강설』, 『인도와 네팔의 불교성지』, 『빈곤한 자의 초상』, 『가람, 절을 찾아서』, 『예불, 예불에 깃든 불교사상을 찾아서』, 『한국의 불교의례Ⅰ』 등 다수가 있다. 이외에 번역서로 『서양철학사』 등과 「불교적 구원관」, 「천수다라니의 인도신화학적 일고찰」 등 수 편의 논문이 있다.

우리말 천수경

개정판 1쇄 인쇄/2003년 9월 15일
개정판 1쇄 발행/2003년 9월 20일

역주/정각
발행인/김시열
발행처/도서출판 운주사

주소/서울특별시 성북구 동소문동 6가 25-1
Tel/02)926-8361, Fax/02)926-8362
http : //www.buddhabook.co.kr

값 7,000원

잘못된 책은 바꾸어 드립니다.